UN MINISTRE NE DEVRAIT PAS DIRE ÇA…

CHRISTIAN ECKERT

UN MINISTRE NE DEVRAIT PAS DIRE ÇA…

Robert Laffont

ISBN 978-2-221-21790-0
Dépôt légal : mai 2018

À Laurence, mon épouse, qui seule sait me guider où j'ai envie d'aller…

À Sylvine, Cyrielle et Aliciane, mes filles,
Alice, Victor, Oscar, Ugo et Antoine, leurs enfants,
Nicolas, Jérôme et Hubert, leurs compagnons.

À ma famille, ma belle-famille et à mes amis,
les vrais, ceux qui restent après tout ça…

Dégagé

J'étais ministre. J'étais à Bercy. J'étais dans la machine. Je n'écris pas pour me venger, ni pour briguer un poste. J'écris en homme libre, responsable et libéré de toute contrainte et de tous compromis politiques.

Derrière moi, j'entends le bruit des chaises qu'on empile. C'est le début de la nuit. Mon copain Marc est parti chercher la voiture. Je suis seul pour la première fois depuis le début de la journée. Sonné, je retiens mes larmes avec difficulté.

J'ai la réputation d'être un homme fort, déterminé, avec du recul. Pourtant, je ne parviens pas à analyser ce qui m'arrive, ce qui nous arrive. J'essaie de rationaliser. Après tout, ce n'est qu'une élection. Après tout, la vie continue et je vais avoir enfin du temps pour moi.

J'ai été au cœur de la mécanique implacable qui a fait chuter mon parti et qui a amené Emmanuel Macron au pouvoir. Je ne suis pas triste de voir ce pouvoir m'échapper. J'en serais presque soulagé. C'est autre chose. Ce n'est pas seulement de l'amertume. C'est de la rage. Une immense rage.

C'est une colère contre moi, de n'avoir rien vu venir. Et contre ce macronisme qui s'étend et s'immisce dans toutes les strates de la société. Et de la République. Avec leurs costumes mieux taillés que les nôtres, leurs looks de bons élèves, ses partisans veulent faire croire que nous nous sommes trompés et qu'ils vont réussir à construire sur nos décombres un monde meilleur. Ce serait un phénomène générationnel. Foutaises et mensonges.

J'ai eu un peu de rancœur juste après la défaite. Aujourd'hui, elle a disparu. Ni rancœur, ni aigreur, encore moins d'amertume. J'ai mis quelques mois à me remettre de cette défaite, de cette raclée, de cette quasi-disparition. Mais c'est passé. En revanche, à force de lire les informations sur ce qu'ils font et ce que nous aurions fait, d'écouter cette petite musique se mettre en place entre l'Élysée, Bercy et Matignon, de constater ce qu'ils détruisent en coulisses depuis leur arrivée au pouvoir, ma rage s'est transformée en un sentiment nouveau. Appelons ça l'envie d'en découdre.

L'élément déclencheur de ce livre a été ma défaite aux législatives. Je pensais avoir fait mon travail le « mieux possible ». J'avais l'espoir secret que mes électeurs auraient de la mémoire et je me retrouve sous la barre des 10 %… C'est un raz-de-marée. Même ici à Trieux, ma ville, en Lorraine. Même à Longwy, où tant de nos camarades se sont battus.

Le 11 juin 2017, à 18 heures, les bureaux de vote ferment dans la 3e circonscription de Meurthe-et-Moselle, où je porte les couleurs du Parti socialiste (PS). Je les défends depuis mon retour du service militaire, en 1982. Trente-cinq années de militantisme et de mandats locaux d'abord, régionaux puis nationaux ensuite.

Le poing et la rose ont toujours été posés en bas à gauche de mes affiches électorales. C'est ma famille, ma signature, une fierté. Cette fois, pour le premier tour des législatives, beaucoup de socialistes les ont occultés, craignant d'être victimes de la mauvaise image de ce quinquennat Hollande, que les résultats de l'élection présidentielle récente – avec l'échec cuisant de Benoît Hamon – ont confirmée. Pas moi.

Emmanuel Macron a bien joué. Sa campagne a pris, même si les circonstances l'ont servi. Ses discours christiques et flous devant des parterres de fans obéissant aux metteurs en scène très pros ont cassé les modèles. Il y est apparu tel que je l'ai connu à Bercy : un aspect chaleureux et souriant, une façon d'écouter qui flatte l'interlocuteur, mais aussi et surtout des actes froids et précis qui conduisent à servir toujours les mêmes réseaux et les intérêts d'une minorité de possédants – les milieux de la finance et de la net-économie, les multinationales…

Souvent plus émotif que j'en donne l'impression, je m'efforce de sourire à mes amis qui sont effondrés à l'étage du bâtiment où se trouve, encore pour quelques jours, ma permanence de député. La presse vient poliment prendre une réaction convenue pour le second tour. Une bière tiède avalée en vitesse et Marc me ramène vers mon domicile. Je n'ai pas craqué.

Les messages s'accumulent sur mon mobile, mêlant tristesse, colère et réconfort. Arrive celui de mon aînée, qui vit à Paris. Avec une vidéo de ma petite-fille Alice, trois ans : « Papy, t'inquiète pas. T'as perdu cette fois, mais c'est pas grave, tu gagneras… On est tous fiers de toi… » Bien sûr, l'émotion me submerge alors, seul Marc à mes côtés en sera le témoin. J'évite de lire les autres messages tout de suite, mais mes deux autres filles feront fort aussi…

Marc me dépose chez moi, où mon épouse Laurence, comme souvent, passe seule la soirée électorale. Elle déteste quand je pleure. Devant elle, je tiens encore le coup. Je lui dois bien ça. Je me surprends à ne même pas me verser ce verre de bourbon dont je rêve depuis quelques heures. Ce sera pour plus tard.

Je consulte les résultats sur mon ordinateur et mesure l'ampleur du désastre aussi bien dans la circonscription qu'au niveau national. Dégagé. On est tous ou presque dégagés…

Une époque essentielle s'achève pour moi. Je savais que je ne serais plus ministre. J'avais décidé et même annoncé que, quelle que soit la situation politique ou les propositions qu'on pourrait me faire, je refuserais.

Ces trois années passées au poste de secrétaire d'État au Budget m'ont « essoré » physiquement et moralement.

Je trouve injustes ce soir-là ma situation et celle de tant d'amis. Je pointe les défections, les ralliements, les trahisons, les opportunismes, le manque de reconnaissance. Une trentaine d'anciens députés socialistes ou verts sauvent leur peau. Ils ont fait allégeance au nouveau chef, Emmanuel Macron, sous la bannière La République en marche (LaREM).

Christophe Castaner et Richard Ferrand en font partie sans surprise. Mais d'autres moins connus du grand public ont aussi sauté le pas : Éric Alauzet, Yves Blein, Joël Giraud, Brigitte Bourguignon, Frédéric Barbier, Jean-Michel Clément, Barbara Pompili, Alain Tourret, François de Rugy… Je les connais tous.

Je me souviens surtout de leurs pressions pour nous pousser à gouverner plus à gauche et à moins faire la part belle à la finance. Ce sont les mêmes qui, sans moufter, voteront la loi Travail, cassant notre modèle social, et valideront le budget du nouveau « président des riches » ! Comme quoi des femmes et des hommes peuvent vite vendre leur âme contre un siège.

Mais les électeurs, par leur abstention massive et leurs votes, ont parlé et doivent être respectés.

Dans tous les moments de déception et de rupture, il faut chercher les éléments positifs de la situation nouvelle qui s'ouvre. J'essaie de me convaincre. Je vais enfin pouvoir dormir, je pourrai souffler, reprendre la course à pied, m'occuper de mes cinq petits-enfants, de ma maison…

Dégagé de mes fonctions, je vais aussi être dégagé de bien des contraintes : celle de me taire, de me forcer à la solidarité gouvernementale, de soutenir *mordicus* certains choix que je n'aurais pas faits si j'avais eu les mains libres ; celle de ne pas vivre normalement, de sentir en permanence le regard des autres scrutant la moindre faille chez moi, derrière mon devoir d'être lisse et si possible parfait – y compris dans le choix de ma cravate… ; celle de taire mes colères et ma fatigue, de dissimuler mes doutes ; celle de devoir « habiller » parfois la vérité pour rassurer et convaincre ; celle enfin de pouvoir distinguer parmi mes amis, pas seulement politiques, les flatteurs intéressés et les vrais compagnons d'hier et surtout de demain. Dépoussiérer ma liste d'amis et pas seulement sur les réseaux sociaux !

Désormais dégagé de ces obligations, je vais retrouver une vie ordinaire, pouvoir m'exprimer sans réserve, faire la tête quand j'en aurai envie, ne pas mettre de costume, oublier de me raser avant de sortir de chez moi, aller faire mes courses sans me faire interpeller tous les dix mètres… et acheter mon essence moins chère au Luxembourg voisin.

Et puis écrire… Ce goût de l'écriture me surprend. À l'habitué des chiffres, des équations et des formules mathématiques que je suis, l'informatique autorise cette plongée, cette introspection. Écrire sur un écran permet d'avoir toujours sous les yeux un document lisible et présentable. La précision, j'ose dire la magie des mots, à la fois m'impressionne et m'amuse.

J'ai régulièrement alimenté un blog, qui a parfois connu des pics de fréquentation. Mais là, c'est autre chose. C'est un livre. Un cheminement… à travers les domaines dans lesquels j'ai agi. Écrire engage.

Quelques amis fidèles n'ont pas eu beaucoup d'efforts à accomplir pour me convaincre d'écrire. L'idée était en moi depuis quelques années. Le temps est maintenant venu.

1

Pigeonnés

Mes origines ne me prédisposaient pas au parcours politique qui serait le mien. J'ai été un maire, un conseiller régional et un député meurthe-et-mosellan.

Mon territoire, à la forme de canard si caractéristique, a élu un député socialiste sans interruption ou presque jusqu'à ce soir de juin 2017. Jean-Paul Durieux a été le député de Longwy et des environs de 1981 à 2002. Il y a triomphé même durant la tempête de 1993. C'était un ancien cadre de la sidérurgie, un syndicaliste CFDT. Je pense à lui ce soir. Lui, toujours si droit, fidèle. J'ai été son suppléant. En 2002, nous avons été battus de justesse par un candidat de droite, au parcours éphémère. Plus tard, même dans l'euphorie de l'élection de Nicolas Sarkozy, j'ai redonné en 2007 à la circonscription sa couleur rose. La campagne de 2012 a été une promenade de santé, le second tour m'accordant les deux tiers des suffrages, avec le meilleur score du Grand Est.

La ville phare ici est Longwy, au cœur des anciennes unités sidérurgiques aujourd'hui disparues. Au sud, l'ex-bassin ferrifère minier compte des cités comme Villerupt, Audun-le-Roman, Piennes, Landres, Tucquegnieux…

Nos corons à nous, Lorrains. C'est un espace au passé industriel glorieux, une terre d'immigration et de brassage, un vivier de forces politiques et syndicales plus souvent rouges que roses.

Ma circonscription est à la périphérie du Luxembourg, son voisin immédiat. Un actif sur deux de nos villes et villages y travaille tous les jours. Grâce à ça, le taux de chômage s'est maintenu dans la moyenne nationale, malgré une activité économique désespérément atone.

En 2017, j'aurais pu attendre les sénatoriales et envisager une élection acquise d'avance compte tenu du mode de scrutin et des candidats potentiels. Le Sénat est trop souvent l'antichambre de la retraite des femmes et des hommes politiques au crépuscule de leur parcours. Et puis, pour y avoir largement représenté le gouvernement en tant que rapporteur du budget, je suis convaincu que sa suppression serait préférable à la réduction du nombre de députés, envisagée par Emmanuel Macron par pur populisme.

Enfin, j'ai probablement péché par orgueil. Devant les difficultés annoncées pour les candidats socialistes aux législatives, j'ai pensé : « Les autres, sûrement, mais pas moi ! » La campagne électorale ne m'a pas alarmé. Je vis ici depuis si longtemps, j'en ai labouré les moindres recoins, j'ai une réputation de bosseur et un bon bilan. J'ai sans doute commencé trop tôt ma campagne, mais deux cents personnes plutôt représentatives et bienveillantes sont venues à ma première réunion à Longwy mi-avril. J'y ai émis mes réserves par rapport à Emmanuel Macron. Je le présentais déjà comme le président de la fiscalité avantageuse pour les classes aisées.

Je participais donc, ce soir-là, sans trop d'angoisse au dépouillement à la mairie de Trieux, la ville où j'habite et dont j'ai été maire pendant vingt-sept ans, de 1987 à 2014. La participation est faible partout. Moins de 50 % en général et 45 % dans ma commune… C'est un mauvais signe. Les premiers bulletins s'égrènent et je suis ici en tête, mais avec 27 % des voix seulement. Dans cette commune, je recueille en général autour de 50 % des voix au premier tour. Les mauvais présages s'enchaînent. Je comprends vite que je serai battu dès le premier tour.

Mon copain Marc me rejoint. Ancien proviseur du lycée où j'ai exercé, solide gaillard épicurien comme moi, il a partagé mes aventures. Celle-ci est indéniablement la plus mauvaise. Il me conduit au local du PS à Longwy, à vingt-cinq kilomètres, là où nos amis ont prévu de se rassembler. Un silence pesant règne dans la voiture. On évite de se regarder. Inutile de se parler.

La route défile en même temps que les souvenirs. En 2007, j'avais pris la même route. De kilomètre en kilomètre, ma première victoire législative se confirmait. Nous étions si joyeux. J'avais tant de travail et de combats à mener pour cette terre.

Je repense aussi à cet échange récent avec mon amie Ségolène Neuville. Députée des Pyrénées-Orientales, médecin, elle était entrée au gouvernement en même temps que moi, comme secrétaire d'État chargée des personnes handicapées et de la lutte contre l'exclusion. Outre notre travail en commun intense, ses connaissances médicales ont été précieuses à un de mes proches, très gravement malade. Nous avons les mêmes ancrages bien à gauche et si loin du macronisme.

En 2017, une dizaine de jours avant le premier tour de ces funestes législatives, Ségolène m'appelle pour un renseignement et nous en profitons pour bavarder. Elle me demande combien je compte faire. Je lui réponds, rassurant : « Autour de 20, et cela passera sans doute pour le second tour… »

Elle imagine le même scénario pour elle, bien que les sondages l'inquiètent.

« Ségolène, l'ancrage local comptera…

— Oui, mais les sondages donnent 10-11 % en moyenne aux candidats socialistes… Et aucun de nous ne pense faire un tel score ! Toi qui es matheux, comment tu l'expliques ? »

Je ne l'explique pas.

Ségolène avait raison. Elle terminera troisième avec 15 % des voix, éliminée. Je serai quatrième avec moins de 10 % des voix, juste devant le candidat de droite et derrière le Front national, la France insoumise et le candidat porté par Macron. Une belle raclée.

Capitulation

Le quinquennat de François Hollande, né dans l'enthousiasme du discours du Bourget, a tant déçu. Les frondeurs ne sont pas à l'origine de la déroute socialiste. Ils en sont d'abord la conséquence, poussés à l'affrontement interne par une politique gouvernementale insuffisamment à gauche qui a déçu nos électeurs. Je le sais, j'y étais, j'ai vu comment est née cette fracture entre socialistes.

Résolument à gauche du PS, j'étais entré au gouvernement pour agir et peser. Ai-je trahi mes valeurs ? Cette question m'obsède. La gauche « de responsabilité » a été incarnée par un président que je n'arrive pas à tenir pour unique responsable du rejet, que je constate de jour en jour, de tout ce qui touche au socialisme.

Quelle part a été la mienne dans ce marasme ? À quel moment aurais-je dû dire non ? Ai-je trahi le mandat reçu des électeurs qui m'ont élu député ?

Décevoir est pire qu'échouer, surtout lorsqu'on refuse de s'expliquer et de comprendre l'échec. Si les affaires ont eu leur importance, les couacs entre ministres et entre membres de la majorité ont pesé. Les revirements et les conversions opérés dans la précipitation, sous la pression des lobbies de la finance notamment, ont fait beaucoup de dégâts dans notre électorat.

L'affaire des Pigeons

L'épisode des Pigeons n'y est pas pour rien.

Fin 2012, lors de la préparation de la loi de finances éclate l'affaire des Pigeons. Elle est symptomatique du malaise et de la fissure entre nous, socialistes, alors que nous sommes seulement au début du mandat de François Hollande. L'idée simple, élaborée depuis Bercy, consiste, conformément à une vieille aspiration de la gauche, à imposer les revenus du capital – ici les plus-values réalisées par les cessions d'actions – aux mêmes conditions que les salaires.

La fiscalité est souvent la clef politique qui sépare la gauche et la droite, le socialisme et le libéralisme. Imposer l'argent de la Bourse autant que les salaires est juste. Ce principe aurait dû susciter l'adhésion populaire. Mais, par impréparation, par défaut de communication, par inexpérience, nous nous sommes fait… pigeonner.

Le monde de la finance, qui préfère s'appeler le monde de l'entreprise – c'est plus vendeur –, a enclenché une virulente et habile campagne faisant croire que tous ceux qui entreprennent seront plumés, surtout en cas de réussite. Campagne originale sur les réseaux sociaux, relais de la presse économique, logo séducteur, démarchage de tous les parlementaires, la fronde des Pigeons a utilisé tous les leviers.

Ce glissement sémantique entre entrepreneur, financier et *start-upper* est terriblement efficace. S'identifiant aux

Pigeons, les champions de l'argent qui rapporte, les traders, les banquiers et le Medef ont réussi à s'associer aux créateurs de start-up, aux commerçants, aux artisans, aux patrons de PME. Ils ont accrédité l'idée que tous les bénéfices liés à la revente d'une entreprise – y compris les plus petites – seront avalés par l'impôt.

Les exonérations et les abattements sont pourtant innombrables, mais personne n'en parle. Le Pigeon, soi-disant plumé par l'ogre de Bercy, fait même pleurer les salariés modestes et les petits retraités…

Le ministre du Budget est alors Jérôme Cahuzac. En 2007, son bureau était face au mien à l'Assemblée nationale lors de mon arrivée. Il l'occupait peu, mais nous nous croisions. J'avais rarement vu quelqu'un d'aussi brillant. Il m'a d'abord bluffé, capable à la tribune de parler vite, clairement, précisément, sur des sujets techniques, sans notes, pendant des heures. Il était conscient de ses capacités et toujours directif. Il nous a menti, nous a trompés et nous a tous entraînés dans sa chute. Quelques jours avant ses aveux, il me recevait encore à Bercy et me parlait de sa vie privée et de l'avenir comme si de rien n'était.

Il reste pour moi un mystère, un monstre, ou les deux ? Un homme en fait, avec ses forces et ses faiblesses.

Fin 2012, pendant l'examen des textes financiers, j'étais assis juste à côté de lui. Il était à cran et utilisait constamment son mobile depuis le banc du gouvernement, contrairement aux usages en vigueur dans l'hémicycle. J'avais mis cela sur le compte de la tension normale pour sa première grande loi de finances. Les révélations du site Mediapart m'en donneront les vraies raisons.

Hollande offre un boulevard à Macron

Quelques jours plus tard, vers 18 heures, en pleine tempête médiatique, Jérôme Cahuzac me demande discrètement un service. Il souhaite que la séance, qui prend du retard, soit interrompue avant l'heure habituelle de la pause du soir.

« À toi, Christian, je peux dire pourquoi : j'avais prévu d'aller à l'opéra. Si j'y renonce, les observateurs vont croire que je crains de me montrer en public.

— Jérôme, je ne vais pas refuser cet aménagement d'horaire à un ministre de mon gouvernement ! »

Un soir d'octobre 2012, je suis convié par Jérôme Cahuzac à un dîner de travail pour préparer l'examen de la loi de finances. Ce dîner a été pénible. L'ancien député de Lot-et-Garonne était constamment interrompu par des SMS comminatoires, lui demandant d'éteindre l'incendie allumé par les Pigeons, quitte à perdre la face :

« Excuse-moi, Christian, c'est encore le président, il veut que l'on cède sur les Pigeons…

— Jérôme, ça va grogner au groupe socialiste, si vous reculez…

— Je sais, mais c'est le président… Et puis, tiens, voilà un SMS de Mosco [Pierre Moscovici, alors ministre des Finances]… Il ne manquait plus que ça !

— Alors ?

— Il veut une conférence de presse très vite… pour plier les gaules !

— C'est scandaleux !

— Oui, mais les Pigeons couchent à l'Élysée et ils sont écoutés ! »

Plus tard, en effet, devenu membre du gouvernement, je croiserai plusieurs fois dans la cour de Bercy Jean-David Chamboredon, capital-risqueur de la net-économie et principal animateur du mouvement. Il avait table ouverte chez le ministre Macron. C'était le début d'En marche !. À l'époque des Pigeons, Emmanuel Macron était secrétaire général adjoint de l'Élysée, déjà très influent sur les sujets fiscaux et l'économie. Il ne peut être étranger au revirement imposé par François Hollande au ministre du Budget.

La volte-face de notre leader fera d'énormes dégâts au sein du groupe socialiste à l'Assemblée. La première pierre, la plus emblématique, du recul du gouvernement devant le monde de la finance. Les frondeurs sont nés de cette polémique.

Mon aveuglement

Je suis devenu ensuite à Bercy le collègue du futur président. Malgré les nombreux indices faciles à identifier après coup, je n'ai pas perçu tout de suite l'ascension d'Emmanuel Macron. Pas plus que je n'ai senti se préparer l'atomisation de ce qu'il nomme l'Ancien Monde.

Quand j'étais à Bercy, à l'Élysée ou à Matignon, je ne me rendais pas compte du privilège d'être au premier rang dans le réacteur politique et économique du pays. Trop occupé par mon travail au quotidien, je n'ai pas compris à quel point s'est perdu ce combat entre une gauche dite réaliste et une autre, disons plus idéaliste. Je n'ai pas su anticiper la défaite de ma gauche. Je ne pensais pas que François Hollande renoncerait. J'étais même persuadé qu'il se représenterait dans la perspective d'un schéma classique : le PS contre l'UMP, le Front de gauche contre le Front national.

Je n'ai rien vu venir. Je m'en veux, j'aurais dû comprendre plus tôt la fine mécanique de cette prise de pouvoir. J'aurais dû me battre davantage, d'autant que la cause était juste.

En revanche, j'ai vu de l'intérieur monter l'« ubérisation » de la vie économique. Ce conflit entre l'économie réelle et l'économie des plateformes est symptomatique de nos différences d'approche entre Macron et moi. Mais il n'est pas le seul. La re-privatisation des autoroutes, la tentative de vente d'une des vaches à lait de l'État – la Française des jeux –, la privatisation des stades de foot ou des aéroports, l'affaire méconnue des SeaBubbles, l'avènement des autoentrepreneurs…

Toutes ces petites affaires réglées en coulisses étaient des signes forts. L'État a cédé inexorablement du terrain et des pans entiers de ses revenus les plus pérennes à des intérêts particuliers. Emmanuel Macron était toujours là dans l'ombre pour exercer son influence libérale.

J'aurais dû mieux résister.

J'étais à l'épicentre d'une guerre intestine entre finances publiques et intérêts privés. Emmanuel et Brigitte Macron ont monté en peu de temps une véritable opération commando pour gagner l'Élysée. Ils ont su habilement jouer sur les médias et sur un réseau puissant, composé de leurs amis souvent passés par la banque.

Ils ont gagné la partie. Aujourd'hui, cette chose informe mais très vertébrée qu'on appelle le macronisme dispose des pleins pouvoirs. Aucune véritable critique argumentée n'a été élaborée depuis son avènement.

Avec le recul de ces quelques mois, avec cet apaisement que donnent le temps et l'écriture, je réalise avoir assisté à la naissance du premier président dont le cœur est un « algorithme ». Derrière le sourire enjôleur, sous l'apparente improvisation, il y a un calcul froid et méthodique : saisir toutes les occasions pour ringardiser la gauche – sans attaquer frontalement François Hollande – et ménager la droite, dont les voix ont été siphonnées elles-mêmes par l'extrême droite, puis les affaires.

2

Face aux combines de Nicolas Sarkozy et d'Éric Woerth

Devenu député, je suis resté du genre lève-tôt. Le mercredi 9 décembre 2009, vers 8 heures du matin – l'Assemblée ne s'anime en général que bien plus tard –, j'entre dans un ascenseur. Jean-Marc Ayrault s'y trouve, me salue et me demande, énervé, si j'ai lu dans *Le Parisien*[1] l'article décrivant la rencontre au Bristol entre le président de la République Nicolas Sarkozy, flanqué de son ministre du Budget et des Comptes publics Éric Woerth, et le Premier Cercle des donateurs de son parti. J'acquiesce mollement, un peu embarrassé…

« C'est scandaleux, non ! Tu ne crois pas que ça mériterait une question au gouvernement (QAG) aujourd'hui ?

— Bien sûr, Jean-Marc…

— Tu pourrais la poser, je le proposerai au groupe tout à l'heure.

— D'accord, avec plaisir. »

1. « Quand le président cajole ses (généreux) donateurs », 9 décembre 2009.

Je n'avais évidemment rien vu… Mais avouer mon ignorance sur un sujet à l'évidence cher à mon président de groupe m'était impossible, sauf à passer à ses yeux pour un ignare, tout frais débarqué de sa province… ce qui était pourtant le cas.

À l'Assemblée nationale, les nouveaux arrivants ont toujours du mal à se faire une place. Cette gigantesque machine dont le fonctionnement est complexe ne met en lumière que celles et ceux qui en connaissent les rouages, savent où et quand il faut être là, réussissent à obtenir du temps de parole parce qu'ils sont spécialisés sur une thématique, ou tout simplement parce que leur notoriété le justifie déjà !

Le mieux est d'être choisi pour poser une question au gouvernement. Ces QAG, comme les appellent les habitués, sont diffusées en direct à la télévision et regardées par de nombreux électeurs. Quel qu'ait été leur vote, ceux-ci sont toujours assez sensibles au fait de voir et d'entendre *leur* député intervenir depuis l'hémicycle.

Le choix des thèmes des questions et de ceux qui les posent se fait en début de réunions de groupe programmées chaque mardi et mercredi à 11 heures. Tous les députés sont là, un débat a lieu, mais le président du groupe socialiste – Jean-Marc Ayrault à cette époque – fait la synthèse et arbitre entre les demandes toujours plus nombreuses que les places disponibles…

Je fonce donc dans mon bureau et déniche rapidement l'article en question : Nicolas Sarkozy et Éric Woerth sortent du Bristol, où ils ont rencontré les plus généreux « financeurs » de l'UMP. Ils déclarent que cela les aidera « à ne pas revenir sur le bouclier fiscal ». Éric Woerth est alors trésorier du parti et ministre chargé des impôts. Voilà effectivement un mélange des genres peu respectueux des principes républicains ! Voilà le président de tous les Français qui semble monnayer des choix politiques en échange de dons à son parti…

Le Premier Cercle des donateurs est le gratin de la droite. Celles et ceux qui ont donné 7 500 euros au moins. Ils ont été démarchés partout, y compris à l'étranger. Ils ont entendu les engagements en matière d'impôts du candidat Sarkozy et de son futur ministre-trésorier du parti du président – l'UMP alors – chargé de la politique fiscale. Même si la loi ne l'interdit pas, ce cumul des fonctions d'Éric Woerth me choque !

Dès 2016, le candidat Emmanuel Macron, lui aussi, fera le tour de son carnet d'adresses, enrichi durant son passage à l'Élysée et à Bercy, pour financer sa campagne et son parti LaREM. Lui aussi promettra des baisses des impôts touchant les plus fortunés. Une promesse largement tenue dès la loi de finances pour 2018…

Ma première salve

Je me prépare en rassemblant quelques idées, et me rends à 11 heures dans la salle de réunion du groupe socialiste, située alors dans les entrailles souterraines du palais Bourbon.

Jean-Marc Ayrault préside comme toujours habilement, écoute les propositions de questions, en ignorant volontairement ma demande d'intervention. Il évoque alors lui-même l'article du *Parisien* et, directif, annonce que « Christian Eckert posera la question à Éric Woerth ». Je n'en aurai pas placé une, mais Jean-Marc a tenu son engagement et moi je tiens ma QAG ! Une interpellation du gouvernement qui marque le début d'une sacrée longue histoire. Les affaires autour d'Éric Woerth deviennent vite un feuilleton quasi quotidien.

Je délaisse la suite de la réunion de groupe et reviens à mon bureau pour préparer ma question. Deux minutes – très précisément – de temps de parole pour une question, c'est un exercice minutieux qui se travaille. J'ai déjà quelques QAG à mon actif, mais celle-ci doit être parfaite, car je sens le sujet important et chaque mot doit être pesé. Ne pas utiliser les deux minutes est un gâchis, mais se faire couper le micro au milieu de la chute fait très mauvais effet. Je rédige donc, lis, relis, chronomètre, mémorise, retouche…

Il est 13 heures, je file à la buvette pour déjeuner pendant que mon assistant, Jean-Mathieu, tape mon texte, l'imprime en gros caractères pour m'éviter de bafouiller, le nez collé dans mes notes.

Pendant le déjeuner, les traditionnels appels des cabinets ministériels se succèdent : les électeurs nous demandent souvent si les membres du gouvernement ont connaissance des questions qui leur sont posées. En principe, non. Ils connaissent les noms des inscrits, c'est tout. Mais, outre les députés, de nombreux collaborateurs assistent aux réunions de groupe. Dans le monde politique, les réunions de plus de quatre personnes ne sont jamais secrètes, sans garantie non plus pour celles encore plus restreintes…

Les assistants des ministres – ceux du ministre des Relations avec le Parlement notamment – appellent ainsi les députés, jouent les naïfs, demandent le thème, des détails, arguent du fait que certains membres du gouvernement seront peut-être absents. Même si les auteurs des questions refusent de parler, il est rare que le pouvoir en place se fasse surprendre.

Plus tard, quand je suis devenu secrétaire d'État, j'ai pu vérifier que, de 13 h 30 à 15 heures, nos collaborateurs obtiennent presque toujours le contenu des questions, préparent les fameux « éléments de langage » et les proposent à leur ministre. Les moyens informatiques permettent, même en cours de séance, de recevoir par mail les éléments que l'on souhaite rassembler pour la réponse.

Je suis inscrit en cinquième position. C'est l'une des meilleures places ! Les premières questions pâtissent de l'arrivée des retardataires et se font dans un brouhaha gênant ; quant aux dernières, elles souffrent de la lassitude de l'auditoire et sont perturbées par les départs des députés pressés d'aller aux « Quatre Colonnes » rencontrer la presse. C'est donc entre 15 h 15 et 15 h 45 que la salle sera la plus réceptive.

C'est là que je déroule. J'insiste en particulier sur le cumul des fonctions d'Éric Woerth, à la fois trésorier de l'UMP et ministre du Budget : « N'y a-t-il pas là, sinon conflit d'intérêts, pour le moins mélange des genres ?» Bon timing comme prévu, chaude ambiance, la réponse d'Éric Woerth est attendue dans un silence de plomb.

Elle sera inhabituellement courte et excessivement méprisante. Il répond en moins d'une minute, d'abord hésitant, puis se lâche : «Il n'y a pas de confusion des genres… Je ne sais pas ce que vous essayez de démontrer au travers de votre question stupide. Mais j'aurais du mal à y répondre autrement que comme cela.»

Comment, c'est tout ? Le financement des partis pose depuis des années des questions troublantes et fondamentales. Affaires URBA, Carignon, Balkany, Dassault, emplois fictifs, Libye… les scandales se sont succédé et nos concitoyens s'interrogent à juste titre sur le niveau de corruption de la classe politique. Plus personne ne croit au financement des partis par la vente du muguet le 1er Mai, ni même par les seules cotisations des adhérents… Et le président Sarkozy, en personne, étale au grand jour dans un palace parisien la contrepartie en impôts qu'il s'engage à apporter aux plus généreux financeurs de son parti !

La colère gronde sur les bancs, à droite contre moi, à gauche contre le gouvernement. Il se produit alors un événement rare : Jean-Marc Ayrault fait transmettre à Bernard Accoyer, qui préside la séance, un petit mot écrit pour demander à remplacer personnellement le prochain orateur socialiste qui devait passer quelques questions plus tard. Le président de l'Assemblée ne peut pas refuser une telle demande à son homologue du groupe de gauche.

Le moment venu, Jean-Marc Ayrault demande solennellement des excuses à François Fillon, Premier ministre de l'époque : « Notre collègue Christian Eckert a posé une vraie question au ministre du Budget. Un ministre de la République n'a pas le droit de qualifier une question aussi grave de stupide. Je vous demande donc, monsieur le Premier ministre, de répondre à cette question et de demander au ministre du Budget d'exprimer des excuses et de retirer le mot *stupide*. »

Le Premier ministre n'exprime aucune réponse sérieuse et encore moins d'excuses dans une diatribe confuse et embarrassée : « Il n'y a évidemment aucune incompatibilité entre la fonction de trésorier d'un parti politique et celle de membre du gouvernement. Je vous demande, si vous voulez que les travaux de cette assemblée se déroulent sereinement, de ne pas créer des polémiques dont vous savez fort bien qu'elles n'ont aucun fondement juridique, aucun fondement constitutionnel. »

Les députés socialistes et communistes quittent alors brutalement la séance des questions au gouvernement, en signe de protestation.

Le début des ennuis

Un incident de séance de plus, pensera-t-on alors. La suite démontrera qu'il marque le début des ennuis d'Éric Woerth. Au-delà de son cas, cette incartade à l'Assemblée sera le signe avant-coureur de l'ensemble des affaires qui ravageront la suite du quinquennat Sarkozy : financement de campagnes, Bettencourt, remises de la Légion d'honneur, Banier, Clymène, hippodrome de Compiègne, île d'Arros… La consanguinité des acteurs est patente. Les échanges de postes contre des faveurs se multiplieront. Ces comportements indécents, jouant sur la faiblesse des uns et la puissance des autres, provoqueront l'écœurement des Français. Les sommes d'argent brassées sont à mille lieues de la condition de l'immense majorité d'entre eux !

Au groupe socialiste, nous étions un petit quarteron autour de Jean-Marc Ayrault à suivre de près toutes ces affaires. Chaque révélation du « feuilleton Woerth-Bettencourt » faisait l'objet de nos analyses le plus souvent dans le bureau du président de groupe. Nous nous partagerons les nombreuses QAG qui suivront.

Nous avions un boulevard pour ébranler jour après jour le gouvernement. Les occasions ne manquaient pas : l'arbitrage scandaleux de Christine Lagarde en faveur de Bernard Tapie dans l'affaire du Crédit lyonnais ; les sulfureuses vacances de Michèle Alliot-Marie dans la Tunisie de Ben Ali ; les sondages payés sans retenue par l'Élysée au profit du président et de ses amis ; les commissions touchant de gros marchés avec le Kazakhstan…

Curieusement, la justice a déployé des trésors de lenteur et de complexité pour traiter ces dossiers.

Éric Woerth m'a longtemps soigneusement évité et a mis des années avant d'échanger avec moi quelques phrases convenues lorsqu'il ne pouvait faire autrement.

Nul doute que cette rencontre matinale dans l'ascenseur fut pour moi un tournant majeur. Mes collègues députés comme les journalistes du Parlement ont toujours considéré, de façon excessive, que mon rôle dans ces dossiers avait été déterminant. Intervenir régulièrement sur ces sujets médiatiques m'a fait connaître et m'a donné une notoriété qui a beaucoup compté dans mon parcours politique. J'avais simplement été là tôt le matin, au bon endroit et au bon moment, et avais ensuite fait mon travail de parlementaire de l'opposition.

C'est plus facile d'être député de l'opposition que de la majorité. De 2007 à 2012, j'ai eu du temps pour m'engouffrer dans les failles de la politique menée par Nicolas Sarkozy. Après 2012, devenu rapporteur général du budget, j'ai trouvé mes marques à l'Assemblée, même si des conflits – comme les Pigeons, la demi-part des veuves ou certains taux de TVA... – ont émaillé mon travail avec les gouvernements successifs de Jean-Marc Ayrault.

Après mon entrée au Budget, les choses se sont compliquées. Un député de la majorité peut estimer que l'un de ses ministres propose une orientation trop libérale à son goût. Il peut en fixer des limites, ou exiger des contreparties. À l'Assemblée nationale, les débats se concluent par un vote. Le gouvernement devant obtenir une majorité sur chaque texte, il est conduit à faire des concessions à ses députés. Au Conseil des ministres, il n'y a jamais de vote et les débats contradictoires sont rarissimes. Les textes présentés tous les mercredis matin sont préalablement arbitrés par le Premier ministre et le président. Le désaccord d'un membre du gouvernement ne peut s'exprimer que par son départ. Pour qui veut être loyal, cela ne peut se faire que sur un sujet majeur.

Si j'ai vécu des moments de contrariété sur plusieurs décisions, notamment sur les inflexions ultralibérales déjà portées à l'époque par Emmanuel Macron, ils n'ont pas suffi à me pousser à claquer la porte.

3

La vallée des anges

L'hiver 1956 a été le plus froid du siècle dernier. Ma mère m'a raconté que, cette année-là, l'eau gelait dans les chambres de la maternité d'Algrange où j'ai ouvert les yeux. Peut-être est-ce le besoin de me réchauffer qui m'a conduit à dépasser plus tard le mètre quatre-vingt-dix et – trop – allègrement le quintal.

Algrange se situe dans la vallée de la Fensch[1], un des berceaux de la sidérurgie lorraine. « Vallée des anges » pour beaucoup, car la plupart des noms des villes se terminent par le suffixe « ange » : Florange, Hayange, Knutange, Nilvange, Ottange…

Sa population a explosé avec la construction des usines et le développement des mines de fer. La ville ne compte pas moins de quatre mines ! Chacune engloutit sous terre quotidiennement plusieurs centaines de mineurs de fond, souvent venus d'Italie, de Pologne ou d'ailleurs trouver un travail encore bien payé à l'époque. La mine en garde quelques-uns pour toujours, comme si

1. À laquelle Bernard Lavilliers a consacré une chanson, « Fensch vallée », en 1976.

c'était là le tribut à payer au sous-sol en échange du minerai qu'on lui arrache. L'image de leur sortie en masse au « Portier du Haut » dès le coup de sirène est encore dans ma mémoire aujourd'hui.

Mes parents ne sont ni ouvriers ni mineurs.

Maman est née en 1921 à Civaux dans la Vienne, minuscule village de paysans où mes grands-parents possèdent et cultivent quelques hectares à peine, élèvent deux vaches et des chèvres. La Seconde Guerre mondiale amène beaucoup de Lorrains dans le centre de la France. C'est ainsi que ma mère fait la rencontre d'Edmond, originaire de Moselle. Ils se marient rapidement pour accueillir leur premier enfant.

Edmond était instituteur et fut nommé à Algrange. C'est un de ces hussards de la République, sûrement radical-socialiste. Ma mère et lui ont quatre enfants, dont une fille décédée en bas âge. Mais, à l'âge de trente-trois ans, Edmond décède d'une malformation cardiaque.

Ma mère se retrouve seule, loin de sa famille poitevine, sans ressources, avec trois jeunes enfants et la mère d'Edmond pour seul appui. Paul, « instit » lui aussi, ami d'Edmond depuis leur passage à l'École normale, lui trouve alors un travail comme « jardinière d'enfants » dans une école de la ville, et l'entoure avec sa femme Irène de leur affection.

Dans l'un des trois cinémas d'Algrange, quatre années après le décès de son premier époux, maman rencontre alors celui qui deviendra mon père. Marcel l'épouse en endossant la paternité de ses enfants.

Né en 1926, mon père, éternel Algrangeois, fait partie des Lorrains enrôlés de force dans les armées allemandes, ceux que l'on appelle les « malgré-nous ». Après quelques mois passés à l'usine comme charpentier, mon père rejoint les rangs de la police. D'abord CRS, il devient simple flic – grade qu'il n'a jamais quitté ! – dans les commissariats du secteur. Mes parents étaient donc deux modestes fonctionnaires qui géraient bien leur famille recomposée de quatre enfants. J'étais le petit dernier, avec trois (demi-)frère et sœurs nettement plus âgés.

À l'école de la République

L'école fut le cœur de mon enfance.

Ma mère y accueille les tout-petits. Nous ne quittons pas Irène et Paul, tous deux devenus directeurs d'écoles primaires. Prof de maths quasiment autodidacte, lui aussi malabar impressionnant, Paul sait me donner goût et curiosité pour tout : les maths, les champignons, la cuisine, la musique classique, le vin et… la politique.

L'école de la République fut pour moi un bonheur et une chance. Sans être pauvre, ma famille n'est pas en mesure de payer des études coûteuses, malgré mes prédispositions en maths. Alors que je termine mes études secondaires au lycée Charlemagne de Thionville, Paul me dit comme une évidence que je dois aller en maths sup et en maths spé, que je finis par intégrer à Metz, en 1973.

Pendant mes vacances, je travaille toujours pour gagner un peu d'argent : je dois être le seul ministre de la République à avoir travaillé aux aciéries à Serémange, sur le site de Florange, faisant les trois-huit, dimanche et jours fériés compris. Ces aciéries ont fermé juste après et les hauts-fourneaux du site de Florange sont devenus tristement célèbres.

Personne dans ma famille et dans mon quartier ne savait ce qu'étaient les « prépas ». J'y ai pourtant passé trois des plus belles années de ma vie. Et j'y ai surtout rencontré celle qui est encore aujourd'hui ma femme. Étudiante en classe préparatoire aux grandes écoles de commerce, fille de mineur de Trieux, Laurence était le béguin de Roland, mon voisin de chambre de l'internat. En essayant de « caser » Roland auprès d'elle, je reçus une – vraie – claque qui déclencha entre nous un amour qui dure encore.

Mon admissibilité à l'écrit du concours d'entrée à l'École normale sup (ENS) de la rue d'Ulm me donne droit à rallier le corps des élèves-professeurs (IPES), et à poursuivre des études universitaires avec un salaire de professeur débutant. Je passe donc deux ans à l'université de Nancy pendant que Laurence fréquente son école de commerce à Paris et multiplie les allers-retours en train pour que nous puissions nous rejoindre. Si mon salaire et des cours particuliers – payés « au noir » ! – m'assurent un certain confort, Laurence – et surtout ses parents – se prive pour payer ses études de commerce scandaleusement chères. L'égalité des chances n'était pas une réalité et ne l'est d'ailleurs pas plus aujourd'hui.

Après avoir intégré la Banque de France, Laurence n'a aucun mal à se faire nommer à Longwy, où personne ne veut mettre les pieds. Quant à moi, fraîchement reçu au CAPES de maths, je débute ma carrière au lycée de Fameck.

L'établissement est situé dans un quartier difficile d'une ville ouvrière à forte densité d'immigrés. Il regorge pourtant d'élèves brillants, modèles d'intégration réussie. Mon lycée n'a rien à envier à ceux des beaux quartiers de Metz ! Laurence nous donne notre première fille, Sylvine, en 1981. Un beau millésime déjà ! Ma troisième fille, Aliciane, naîtra d'ailleurs en 1988 et son faire-part de naissance portera la mention « Génération Mitterrand ».

Il me faut alors effectuer mon service national, jusque-là repoussé d'année en année. Notre deuxième fille, Cyrielle, naît en 1982. Pour « gérer » en mon absence sous les drapeaux nos filles et son travail, nous avons emménagé à Trieux, le village des parents de Laurence, où j'avais juré de ne jamais habiter… et dont j'ai été maire durant vingt-sept ans. J'y vis toujours aujourd'hui !

L'aventure politique

C'est Paul, l'ami de toujours de mes parents, socialiste jusqu'au bout des ongles, qui éveille ma conscience politique. Plus loin dans le temps, mon grand-père paternel fut militant communiste, à la tête de la pléthorique

« cellule » d'Algrange. Mon père, lui, admirait de Gaulle et surtout Charles Pasqua. Il se dévoilait peu, mais était un passionné de politique. Sous couvert de son métier, il se rendait systématiquement dans les arrière-salles bondées des bistrots de la ville afin d'assister aux réunions électorales. Les campagnes des années 70 se faisaient là, à grands coups de gueule, en enchaînant les bières pression entre les gauloises bleues qu'on grillait encore en public.

J'attends la fin de mon service militaire pour adhérer au PS. Le 10 mai 1981, j'occupe un petit logement au-dessus de la mairie de Trieux. Nous sommes une vingtaine à chanter et à boire à la victoire de François Mitterrand, sans réveiller ma fille Sylvine à peine âgée de deux mois. Les communistes, acteurs aussi de cette victoire, ont comme nous le cœur serré par l'émotion.

Aussi, naturellement, je rencontre en 1983 le maire communiste sortant de Trieux, à nouveau candidat aux élections municipales, pour lui suggérer de pouvoir entrer au conseil municipal sur sa liste. Il refuse tout net, m'autorisant alors à figurer sur celle concurrente de son ancien premier adjoint Jeannot, sympathisant socialiste, voisin mitoyen de mes beaux-parents. À la surprise générale, notre liste rafle dix-sept des dix-neuf sièges en jeu ! Quatre ans plus tard, je le remplacerai comme maire.

Dans cette commune de 1 800 habitants qui en compte 2 500 aujourd'hui, je connais presque tout le monde, et la plupart me tutoient. J'ai partagé leurs bonheurs familiaux, mais aussi leurs drames. De nombreuses fois, j'ai dû réveiller des familles au milieu de la nuit, pour annoncer la disparition brutale d'un enfant ou d'un parent. J'ai été aux côtés des sauveteurs sur des lieux d'accidents, de suicides, de drames. J'ai, avec mes équipes, rénové l'ancienne cité minière, créé les équipements publics qui manquaient, incité à la construction d'une centaine de logements sociaux, fait venir un supermarché, contribué à lancer plusieurs projets immobiliers. Le tout sans alourdissement de la fiscalité, en utilisant les capacités d'emprunt que m'avaient laissées mes prédécesseurs.

À la différence de beaucoup de villes minières, Trieux est devenue la ville la plus peuplée du canton, possède l'un des groupes scolaires les plus importants du département, est dotée d'une école maternelle neuve, riche d'une structure d'accueil périscolaire, et continue d'avoir une vie associative dense et populaire.

La nécessité d'un ancrage local

De 1998 à 2010, je siège au conseil régional de Lorraine. D'abord dans l'opposition à son président Gérard Longuet, où j'ai beaucoup appris car le personnage est aussi intelligent que réactionnaire; ensuite comme vice-président de Jean-Pierre Masseret après la victoire de la gauche unie, chargé du Développement local.

Le lundi 18 juin 2007, lendemain de mon élection comme député, je pose ma lettre de démission sur le bureau. « Si tu pars, la suivante sur la liste n'a pas ton expérience et surtout n'est pas du nord de ton département. Le bassin de Longwy-Briey sera sans élu régional socialiste, alors que nous y sommes bien implantés. Reprends cette lettre et donne-toi une semaine de réflexion… », insiste Jean-Pierre Masseret.

J'ai fini par céder. Au conseil régional de Lorraine, la gauche est rassemblée. Avec nos collègues communistes, les relations sont excellentes. Pour autant, la gauche en Lorraine a manqué des occasions. Jacques Chérèque avait dessiné un projet territorial ambitieux. Il n'a jamais été suivi. Jean-Pierre Masseret a géré une région entière en s'occupant essentiellement du seul département de la Moselle.

L'exemple de la gare TGV est patent : nos prédécesseurs avaient construit une gare TGV dont le seul atout était… d'être en Moselle. Elle se situait au milieu des champs, coupée des nombreux trains régionaux. C'était un non-sens économique. Plus tard, à Bercy, j'ai trouvé des financements pour une nouvelle gare d'interconnexion TER-TGV en Meurthe-et-Moselle, grâce à des recettes fiscales existantes. Rien ne s'opposait plus à un transfert. Mais Jean-Pierre Masseret décida curieusement d'un référendum qui mobilisa les élus mosellans pour rejeter l'idée d'une nouvelle gare.

Ce projet avorté de TGV, au départ de Metz, a cependant été une opportunité formidable pour le député que je suis devenu. Il m'est souvent arrivé le matin à Paris d'échanger avec des ministres, des économistes, des dirigeants de grandes entreprises ou des scientifiques dans le décor somptueux de l'Assemblée nationale. Puis, après un rapide trajet en TGV, de me retrouver vers 16 heures dans mon modeste bureau de maire, pour recevoir mes concitoyens, venus apporter leur problème d'égout, de logement, de travail, de voisinage, ou tout simplement parler de leurs soucis personnels. Quoi de plus nécessaire pour ne pas céder aux facilités de la fonction parlementaire, qui ne peut, à elle seule, changer rapidement la vie de nos concitoyens. Garder les pieds sur terre est essentiel.

Pour cette raison, je ne suis pas fan de la règle du non-cumul des mandats. Au sein du groupe de travail des députés socialistes sur le sujet à l'Assemblée, j'avais fait des propositions qui n'ont pas été retenues. La première consistait à interdire le cumul des indemnités. C'est le point qui choque nos concitoyens. Pour ma part, dès mon élection comme député, j'ai demandé à mon conseil municipal de supprimer mes indemnités de maire. Adopter ce principe aurait stoppé net bien des arbitrages difficiles dans l'élaboration de la loi !

Ma deuxième idée consistait à interdire le cumul des fonctions parlementaires et de maire d'une ville à partir d'une certaine taille – de l'ordre de 10000 habitants. Il faut être sérieux et le temps consacré aux mandats électifs n'est pas extensible.

Enfin, il aurait fallu interdire d'être simultanément parlementaire et membre d'un exécutif régional ou départemental. Outre les questions de gestion du temps, les conflits d'intérêts deviennent évidents et les débats sur la répartition des dotations de l'État me l'ont prouvé régulièrement.

La loi de non-cumul des mandats votée, toujours en vigueur, est donc très imparfaite. Elle interdit aux parlementaires d'être maire d'une commune rurale, mais les autorise à rester conseiller régional ou départemental et à en cumuler les indemnités ! Pire, elle a coupé le lien entre le Parlement et les maires ruraux, alors qu'une observation fine de la vie parlementaire montre que l'assiduité de ces derniers dans les assemblées est très forte et enrichit les débats de leur connaissance profonde du territoire et de ses habitants.

Chercher à favoriser cet ancrage local est évidemment une tentation naturelle chez le député, dans l'espoir d'un bilan positif, de nature à influer sur les futurs scrutins. Un risque de déviance tout aussi présent lorsqu'on est ministre.

Je reconnais avoir usé de mon statut de conseiller régional, de député ou de secrétaire d'État pour obtenir, de l'administration ou d'un collègue ministre, des orientations favorables à ma circonscription ou à mon département d'origine. La liste est longue…

Pour autant, cela ne s'est pas résumé à un simple coup de fil à un préfet, à un directeur d'administration ou à un collègue membre du gouvernement. Il a fallu, avec mon fidèle collaborateur Francis Herbays, défendre, argumenter et convaincre, qu'il n'y avait là aucun passe-droit, simplement la prise en compte de besoins légitimes pour obtenir des choix fondés dans le cadre des procédures légales et nationales existantes.

Le péché originel du PS

J'ai gardé dans l'exercice de mes fonctions le sens aigu de l'intérêt général. J'ai souvent reçu des députés venant plaider leurs dossiers, et y ai toujours porté une attention soutenue, quel que soit leur bord politique. Pierre Méhaignerie, Benoist Apparu, Gilles Carrez, comme bien d'autres élus de droite, ont trouvé dans mon bureau de ministre ou auprès de mes collaborateurs la même qualité d'écoute. Mais je n'ai donné suite à leurs demandes que lorsque j'ai été convaincu par leurs arguments, non par leur simple carte de visite.

Des fautes ont été commises pourtant : comme de nombreux collègues parlementaires, les effets désastreux de la suppression de la «demi-part» supplémentaire accordée aux veuves dans le calcul de l'impôt sur le revenu m'avaient alarmé. Sans doute plus que d'autres. Ma ville et ma circonscription comptent plus de personnes âgées modestes qu'ailleurs. La lourdeur du métier de mineur a laissé beaucoup de veuves retraitées avec de faibles pensions.

Cette disposition prise par le gouvernement Fillon s'appliquant progressivement, ses effets concrets se sont produits au début du quinquennat d'Hollande. Le lourd poids politique en a été porté par notre majorité. Rapporteur du budget à l'époque, j'avais suggéré à Jérôme Cahuzac d'en stopper les effets… Mais les conditions budgétaires épouvantables de l'époque ont conduit notre Premier ministre, Jean-Marc Ayrault, à refuser d'y perdre un milliard. Quelle erreur !

Ce genre d'arbitrage a largement contribué à notre défaite. Nous avons cédé du terrain sur des sujets sociaux cruciaux au prétexte de rigueur budgétaire. L'argent était à prendre ailleurs.

Les Pigeons ont ému l'Élysée et Bercy, pas les veuves !

Dans le Nord ou chez moi, des milliers de veufs et de veuves, jusque-là non imposés, se sont vus assujettis à l'impôt sur leurs revenus, et privés des exonérations d'impôts locaux ou de taxes accordées alors… L'effet, même corrigé plus tard, a beaucoup pesé dans les scrutins ultérieurs. Obnubilés par le redressement des comptes publics, nous avons déçu le cœur de notre électorat. Nous aurions dû diminuer certains allègements de l'impôt sur les sociétés ou renforcer la fiscalité sur les revenus de l'assurance-vie pour trouver la même somme sans donner ce sentiment de trahison qui a écarté de nous une frange importante de la population.

Cette dualité – fonction nationale / locale – inhérente au rôle des parlementaires reste une question non résolue. Le gouvernement en place depuis mai 2017 prétend que la réduction de la taille des assemblées, l'élection d'une fraction d'entre eux à la proportionnelle, la règle du non-cumul, aussi imparfaite soit-elle, conduiront les députés à privilégier leur rôle national. C'est dommage car la représentativité des circonscriptions est importante pour l'unité du pays et contribue à l'aménagement équilibré du territoire. S'il faut alléger les structures, la suppression du Sénat est une solution. Plus que des économies, souvent mises en avant de façon excessive et populiste, elle permettrait une vie législative plus claire et plus fluide.

Emmanuel Macron, chantre de la modernité politique, veut diminuer considérablement le nombre de députés, mais conserver le Sénat. C'est une erreur qui ne réduira sûrement pas la distance qui s'installe entre les électeurs et leurs élus. Les citoyens connaissent encore un peu leurs députés, ils ignorent presque tous le nom de leurs sénateurs. C'est le Sénat qu'il faudrait dégager. Et vite…

4

Face au visage trouble de la finance

Mon épouse Laurence a longtemps travaillé pour la Commission bancaire, devenue depuis l'Autorité de contrôle prudentiel et de résolution (ACPR), chargée de vérifier le respect des textes et des règles par les banques et les assurances. Il y a longtemps, bien avant que je ne devienne député, elle me rapporte avoir demandé à disposer de la liste des comptes détenus par des clients centenaires. Elle s'étonne de recevoir une liste de plusieurs milliers de comptes, presque tous inactifs, ponctionnés régulièrement – avec, bizarrement, des frais de tenue de compte ! –, avant d'être passés en pertes et profits, les pertes des clients devenant les profits de la banque…

Elle s'en émeut naturellement et propose à son chef de mission d'en faire grief à la banque, dans le rapport préparé par l'équipe sur place. Légitimement, le chef de mission oppose un refus. Aucun texte, ni législatif ni réglementaire, ne définit la notion de compte inactif ou les obligations d'une banque en matière d'avoirs en déshérence. Si la question des contrats d'assurance-vie est connue et – très mal – traitée, le sujet des comptes bancaires inactifs est face à un vide juridique aussi sidéral que sidérant.

Certaines lois ou mesures fiscales portent le nom de parlementaires : contrats Madelin, dispositif Scellier, loi Carrez, réduction Fillon, crédit d'impôt Girardin ou Pinel. Une loi promulguée en juin 2014 est aujourd'hui connue sous le patronyme «Eckert». Ce texte est le fruit d'une belle histoire...

Victoire face au lobby bancaire

En 2012, je deviens rapporteur général du budget et Laurence me suggère de me mettre au travail sur la question de ces avoirs «oubliés». Gilles Carrez préside la commission des finances de l'Assemblée nationale. Classé à droite, Gilles Carrez est un parlementaire travailleur, intelligent et courageux. Il accepte que nous commandions ensemble un rapport sur le sujet à la Cour des comptes. Le rapport sera rendu public en juillet 2013 : le pays compte environ 20000 centenaires qui sont censés détenir près de 675000 comptes bancaires, soit trente-trois comptes chacun ! La Cour estime à environ un milliard les avoirs concernés !

À l'évidence, mon idée de légiférer sur le sujet dérange quelques lobbies. Les banques et les sociétés d'assurance, bien introduites à Bercy, freinent des quatre fers, d'autant qu'avec ma collègue Sandrine Mazetier, députée parisienne très active sur le sujet, nous poussons aussi l'idée d'un fichier des contrats d'assurance-vie, qui pourrait faciliter les contrôles et éviter les contrats « oubliés ».

Je dépose donc un amendement créant ce fichier à l'occasion d'une loi de finances. Les services de Pierre Moscovici, alors ministre des Finances, n'en veulent pas, prétextant des difficultés techniques, informatiques ou juridiques. Moscovici est conscient du risque d'être battu en séance et m'appelle personnellement – c'est rare – pour m'en demander le retrait.

Je lui suggère de s'engager au micro à accepter d'examiner une proposition de loi parlementaire sur les comptes inactifs et les avoirs en déshérence et m'engage, en échange, à retirer l'amendement qui le dérange, au profit d'un travail parlementaire à venir.

Le marché est conclu et chacun tiendra sa promesse. Le fichier des contrats d'assurance-vie (FICOVIE) sera créé plus tard, mais j'ai le feu vert du ministre pour préparer une loi sur les comptes bancaires inactifs.

Une phase préliminaire débute alors, conduite grâce à une petite équipe d'administrateurs de l'Assemblée mise à ma disposition sous la direction de leur chef, Philippe Dautry, un fonctionnaire aussi méticuleux qu'enthousiaste.

Je concerte tous azimuts : banques, sociétés d'assurance, notaires, généalogistes, Banque de France, Caisse des dépôts et consignations (CDC)... Un texte ambitieux est préparé sur ce sujet complexe. Le droit de propriété et les délais de prescription en vigueur font l'objet de discussions avec le ministère de la Justice. Ma femme, Laurence, y va également de ses conseils avisés, tirés de son expérience.

Le secteur de la finance comprend rapidement qu'il a perdu la bataille. Les représentants du secteur font contre mauvaise fortune bon cœur… Ils se disent désormais favorables au texte, trouvant là une façon de redorer leur blason !

Philippe Dautry, conscient de la technicité du texte, me suggère d'utiliser la faculté – rarement mise en œuvre par le Parlement – de solliciter l'avis du Conseil d'État. Le président de l'Assemblée, Claude Bartolone, l'accepte. Lors d'une séance solennelle de la plus haute juridiction administrative, les hauts magistrats statueront favorablement sur la conformité du texte en préparation, moyennant quelques modifications mineures.

Pour résumer, le texte prévoit que les banques doivent chercher et avertir les bénéficiaires des comptes inactifs. En cas d'inactivité constatée et prolongée, la Caisse des dépôts et consignations reçoit les fonds et les conserve pendant trente ans. À tout moment, les ayants droit peuvent évidemment les récupérer.

Bercy m'arrache en dernière minute une année de délai supplémentaire pour la mise en œuvre technique du texte, mais le gouvernement, maître de l'ordre du jour du Parlement, accepte sa programmation !

Une loi qui porte mon nom, pas mon prénom !

Au groupe socialiste, la règle est connue. Toute proposition de loi déposée par un de ses membres a comme premier signataire le président de groupe, donc Bruno Le Roux. Je demande à le voir. Je lui explique que le texte est une idée de mon épouse et qu'elle a largement contribué à sa rédaction. Il connaît les contraintes que la vie parlementaire impose à nos conjointes. Il finit par m'accorder ce qu'il a refusé jusque-là à d'autres au sein du groupe socialiste[1].

Pour que la loi porte notre nom, je bénéficierai d'une exception et serai le premier député signataire de la proposition de loi. Si aujourd'hui il existe une loi « Eckert », c'est en l'honneur de mon épouse, plus à l'origine du texte que moi.

La loi Eckert est entrée en vigueur. J'ai reçu depuis de très nombreux témoignages de particuliers ayant récupéré des sommes parfois significatives provenant de comptes oubliés. La Caisse des dépôts a reçu dans un premier temps près de quatre milliards d'avoirs qui attendent d'être réclamés par les personnes qui les possèdent sans le savoir. Une somme énorme, qui démontre que Laurence avait là levé un lièvre qui méritait d'être rattrapé.

Avec de la volonté et de la persévérance, on peut modifier des choses concrètes de la vie des gens. C'est

1. Au sein du groupe parlementaire socialiste, la règle veut que seul le président du groupe puisse accoler son nom à une loi.

l'honneur de la politique. Pour des millions de particuliers, quelques dizaines d'euros ici, quelques centaines là, un livret A en sommeil, de l'épargne salariale oubliée, cela représente beaucoup d'argent…

5

Charly et Mandela

« Nous ne sommes pas là pour répondre aux besoins des hordes migratoires... »

« La France est en déficit et les crédits de l'aide médicale d'État (AME) explosent pour soigner les sans-papiers... »

« L'assistanat ruine le pays... »

Parfois, les débats à l'Assemblée nationale s'apparentent presque à ceux d'un congrès du Front national (FN).

Le 5 décembre 2013, je suis rapporteur du budget. Une journée de débats budgétaires s'ouvre à l'Assemblée nationale. C'est le moment de la discussion générale (DG). Les orateurs inscrits viennent réciter tour à tour, dans un ordre préétabli, des textes assez ressemblants et convenus. Ils déboulent un peu avant leur heure de passage, déclament devant un hémicycle peu garni, et repartent assez vite, contents de nourrir leur blog d'une vidéo qui montre un orateur actif et pugnace en évitant soigneusement de filmer les bancs dégarnis...

L'opposition de droite a choisi son thème du jour. Les uns après les autres, ils fustigent l'augmentation des dépenses de l'AME. Ces crédits, autour d'un milliard, sont ceux consacrés aux soins des personnes non couvertes par l'assurance maladie, françaises ou étrangères, en situation régulière ou pas. Le déficit de notre pays est à cette époque de près de cent milliards par an. Au passage, les membres de l'opposition critiquent les surcoûts de l'hébergement d'urgence – on est en hiver ! –, ou du RSA... L'assistanat devient la cause de tous les maux, la solidarité et l'humanité ne sont pas des concepts budgétaires.

Survient une information venue de l'autre bout du monde : Nelson Mandela est mort ! Je l'apprends sur mon Smartphone, et découvre, les unes après les autres, les réactions de tout bord où chacun témoigne de sa « tristesse, admiration et compassion, pour ce grand défenseur des pauvres, exemple de générosité, d'engagement et d'abnégation... ».

En confrontant les discours scandaleux de la droite tenus à la tribune au concert de « larmes » à propos de la mort de Nelson Mandela, efficacement relayées par les médias, provenant le plus souvent des mêmes parlementaires, le dégoût me prend. Rapidement, je livre mes sentiments sur mon blog.

Réduire les dépenses de santé pour mieux pleurer Mandela

«Nelson Mandela est mort. Le monde pleure sa mort, son peuple chante sa vie. En son hommage, j'ai choisi de vous raconter un affreux conte de Noël.

Je suis maire depuis 1987 d'une petite commune de Lorraine, au cœur du pays des mines de fer. Il y a un peu plus de cinquante ans, malgré l'occupation durant 79 jours du fond de la mine par les mineurs licenciés, l'exploitation a été fermée, provoquant la ruine sociale de la ville et de ses habitants. Les cités minières à l'image des corons du Nord sont à l'abandon. La rue la plus dégradée, la rue d'Alsace, héberge dans des minuscules appartements des familles très pauvres pendant de longues années.

Dans les années 90, y vit un couple des plus modestes. Le père, Charly, travaille dur pour un salaire de misère. Je le côtoie dans le vieux bistrot de la grand-mère de ma femme, où il aime venir se réchauffer et boire un ou deux canons, parfois même un peu plus… Ses deux garçons vont à l'école du village avec mes filles. Tout le monde s'émerveille de leur politesse, leur sérieux et leur propreté, contrastant avec la pauvreté de la famille.

Une dizaine d'années plus tard, l'épouse de Charly me demande un rendez-vous en mairie autour du 20 décembre. Elle arrive, manifestement gênée, s'excuse trois fois de me déranger, et finit par me confier qu'elle attend l'arrivée d'un de ses fils, militaire, pour sa permission de Noël et qu'elle n'a pas le moindre sou pour garnir la table familiale durant les fêtes. L'autre garçon l'a promue grand-mère d'une petite fille, et la famille aimerait réveillonner comme tout le monde… Je la rassure, lui délivre un bon d'achat d'alimentation du centre communal d'action sociale.

Au passage, elle m'avoue qu'elle est un peu souffrante et n'a même plus le moindre sou pour acheter ses médicaments, "pour la circulation du sang". Je la dispute un peu : notre département, administré par mon ami Michel Dinet, est alors un des seuls en France à avoir mis en place, à titre expérimental, ce qui deviendra plus tard la couverture maladie universelle (CMU). Je lui recommande de venir voir notre assistante sociale rapidement, pour faire le dossier, et lui explique qu'elle n'aura alors plus à avancer l'argent pour se soigner.

Elle me quitte ainsi, son bon alimentaire soigneusement plié entre les mains, non sans avoir redit ses regrets d'avoir osé déranger "Monsieur le Maire" pour si peu…

Elle n'est jamais revenue voir l'assistante sociale… Le lendemain du réveillon, le commandant des pompiers de ma ville m'appelle pour m'informer que, la nuit précédente, les pompiers sont allés rue d'Alsace d'urgence. L'épouse de Charly était morte brutalement, sa petite-fille dans les bras, la nuit du réveillon : "La circulation du sang"… sans les médicaments…

Cet affreux conte de Noël illustre ce qui me pousse à faire de la politique et à être viscéralement de gauche. Pour moi, sauver cette femme doit faire partie de notre mission d'élu. C'est une priorité. C'est même *la* priorité.

En ces temps de débat budgétaire, j'ai entendu presque tous les députés de droite dénoncer les dérapages financiers de l'aide médicale d'État, des crédits de l'hébergement d'urgence ou encore les travers du RSA... Pensez donc : ces pauvres, pas toujours français, parfois même en situation irrégulière, venus chez nous en risquant de se noyer, profitent des soins gratuits ou presque, offerts par un pays qui peine à rester la cinquième puissance industrielle du monde...

Les mêmes me reprochent d'abaisser à 700 000 euros – vous avez bien lu – le seuil à partir duquel on pourrait utiliser un tout petit peu moins facilement les conditions fiscales hyper-avantageuses des placements sur une assurance-vie...

Les mêmes, j'en ai honte pour eux, vont se bousculer devant les caméras pour vanter les qualités exceptionnelles de Nelson Mandela.

Toute la journée, ces députés qui stigmatisent les « dépenses de guichet » vont se battre pour défendre les niches fiscales, dont Charly n'a pas plus connu l'existence que celle de la CMU qui aurait peut-être permis à son épouse de voir grandir sa petite-fille. Mais ils passeront pour faire acte de repentance par la salle des "Quatre Colonnes", exprimer leur admiration "sans limite" de l'action "sensationnelle" de Madiba !

Je ne dirai rien sur Nelson Mandela. J'assumerai toute la journée dans l'hémicycle désert l'augmentation des crédits de l'AME et de l'hébergement d'urgence, tout comme le plafonnement des niches fiscales. En hommage à Nelson Mandela et à la famille de Charly. »

De Rugy et Dussopt, la République en berne

Ce billet a largement été repris par les médias et fait l'objet de retours positifs. Les commentaires les plus élogieux ont été signés par François de Rugy et Olivier Dussopt.

À l'époque, ils n'étaient que simples députés… et encore de gauche. Ils sont aujourd'hui respectivement président de l'Assemblée nationale et secrétaire d'État. Ils ont clairement fait allégeance au président Macron.

Avec leur ami et collègue ministre de l'Intérieur Gérard Collomb – lui aussi un ancien socialiste… –, ils soutiennent en 2018 des décrets concernant les réfugiés qui auraient provoqué la colère de Nelson Mandela. Ils trient les migrants dans des centres d'hébergement d'urgence, rabotent les aides au logement tout en supprimant l'impôt sur la fortune (ISF). Ils mettent également fin aux contrats aidés qui concourent à l'insertion des plus démunis. J'aimerais qu'ils aient un peu de mémoire. Et, pour tout dire, de dignité.

Certes, les femmes et les hommes politiques doivent garder une certaine distance par rapport aux drames de la vie. Mais cette effroyable histoire connue en période de Noël m'aura marqué à vie. L'irréversibilité de la mort autorise qu'en matière d'aide médicale ou sociale, avec rigueur et discernement, le « péché » par excès soit incontestablement préférable au défaut de mise en œuvre.

Lorsque j'entends stigmatiser les aides sociales et le slogan d'« assistanat » revenir à tour de bras, je pense souvent à cette pauvre famille endeuillée à jamais en période de fêtes. Si quelques-uns parfois abusent de notre protection sociale, nombreux sont les exemples de personnes qui ne l'utilisent pas. Par erreur, par ignorance, mais aussi souvent par pudeur, certains ne font pas valoir leurs droits et en paient le prix. Celles et ceux qui prétendent agir dans une République solidaire ne doivent jamais l'oublier.

« La droite vit avec la misère, et la voit comme une fatalité. La gauche vit aussi avec elle, mais ne s'y soumet pas. »

Au début, je trouvais cette citation de Françoise Sagan séduisante. Et puis, à force d'y réfléchir, je m'interroge. Qu'est-ce que ça peut signifier de ne pas se soumettre à la misère, ou, pour utiliser un vocable plus moderne, à la « nouvelle pauvreté » ? C'est s'attaquer à ceux qui la fabriquent. Ils sont identifiables. Cette « nouvelle pauvreté », en France, à la veille d'élections, apparaît comme la conséquence de ces phénomènes de mondialisation financière, ou plus exactement la conséquence de la démission du politique devant la finance. Le politique a pour mission de la contrôler. C'est même sa mission essentielle. La première victime du financier est l'économique. Puis le politique. Puis le citoyen. Le premier complice du prédateur financier reste le politique.

Ai-je moi aussi été complice ?

6

Ma nomination

2 avril 2014. Manuel Valls vient d'être nommé Premier ministre et les membres de son premier gouvernement ont été annoncés dans la foulée. On attend donc ce jour-là la nomination des secrétaires d'État. Il fait peu de doutes que Michel Sapin, le nouveau ministre des Finances et des Comptes publics, sera épaulé par un collègue chargé du Budget. L'idée que l'on puisse faire appel à moi, rapporteur général de la commission des finances de l'Assemblée nationale depuis 2012, n'a rien de saugrenu.

Comme toujours en pareilles circonstances, les médias égrènent leurs litanies de pronostics pour les différents postes qui feront l'objet de l'annonce traditionnelle sur le perron de l'Élysée en fin d'après-midi. Mon nom est peu cité. Provincial, plus technique que politique, peu actif au sein des réseaux du PS, je ne fais pas partie des favoris.

Je passe donc la matinée dans mon bureau de l'Assemblée nationale, guettant l'air de rien mon téléphone qui reste invariablement silencieux. De temps en temps, mon fidèle collaborateur Francis Herbays passe une tête pour venir aux nouvelles. Francis est un autodidacte plus jeune que moi d'une dizaine d'années. Il est maire de Fillières, petite commune rurale de ma circonscription. Engagé dans l'insertion professionnelle, il anime mon équipe parlementaire depuis mon élection de 2007. Comme moi, il se situe plutôt à la gauche du PS. Depuis quelque temps, il m'accompagne à Paris deux jours par semaine. Notre complicité se passe de mots.

L'appel du président

Vers 13 h 30, las d'écouter les chaînes d'infos en continu nous informer avec emphase… qu'elles ne savent en fait pas grand-chose, je décide d'aller déjeuner à la buvette des parlementaires. J'emporte évidemment mon portable, au cas où… La buvette commence à se vider, j'y arrive en même temps qu'Henri Emmanuelli, avec qui je partage souvent la pause méridienne.

Henri, je l'adore comme un père. Il me traite affectueusement de «*schleu*», me charrie sur la Lorraine qu'il rattache à l'Allemagne, raconte souvent les étapes de son immense histoire politique toujours vivante, même si la maladie pointe derrière ses célèbres sourcils. Il relate ses discussions avec François Mitterrand, sa découverte d'un coffre-fort au fin fond de son bureau de secrétaire d'État chargé du Budget rue de Rivoli, rempli de dossiers visant tel ou tel grand patron de l'époque. Henri est devenu une icône du PS, reconnu comme représentant la gauche de ce parti. Comme moi, il a ferraillé contre les grandes compagnies privées du domaine de l'eau. Je l'admire et m'étonne toujours de sa disponibilité envers ses collègues, quelle que soit leur ancienneté ou leur notoriété.

Vers la fin du repas, je jette un œil sur mon téléphone et y vois la trace d'un appel en absence assorti d'un message. Il n'a pourtant à ma connaissance ni vibré ni sonné. La secrétaire particulière du président François Hollande me signifie qu'il souhaite me parler. Je quitte Henri sans un mot et m'isole dans une salle voisine.

On me passe le président sur-le-champ et il entre tout de suite dans le vif du sujet :

« Christian, je suis avec le Premier ministre, qui écoute notre conversation…

— Bonjour, Manuel…

— Bonjour, Christian…

— Nous sommes en train de finaliser la composition du gouvernement… Et pour le Budget, nous avons pensé à toi…

— C'est gentil… »

L'émotion est forte, je me doute de la suite mais reste étrangement zen.

François Hollande me demande alors une adhésion complète et sans faille à son projet. Il me demande si j'y suis prêt. Je sais ce que cela signifie : s'engager à se taire, à mettre parfois mon mouchoir sur mes convictions. Je le vérifierai plus tard…

« François, c'est sans doute impoli, mais je vais t'interrompre : tu imagines bien que, sans aucune certitude, j'ai un peu réfléchi à une telle éventualité… Je sais que, rapporteur général du budget à l'Assemblée, j'ai parfois fait entendre une petite musique un peu différente de celle du gouvernement… Mais, au final, j'ai veillé à ce que toutes les lois de finances soient votées sans encombre. Je comprends que tu me fasses ce rappel, mais tu devrais savoir que je suis conscient de la nécessaire solidarité des membres d'un gouvernement…

— Eh bien alors, c'est d'accord, considère que c'est fait… N'en parle pas avant l'annonce officielle… S'il devait y avoir un changement, le Premier ministre t'appellera… »

Le président poursuit alors cet échange avec moi pour évoquer ma succession au poste de rapporteur général. Il évoque des noms, entend mes objections et se rallie à mon analyse. Quelques jours plus tard, avec la bienveillance de l'Élysée et mon soutien, Valérie Rabault deviendra la première femme « rapporteure » générale du budget de la commission des finances. Députée du Tarn-et-Garonne, c'est une collègue active aux Finances, passée par le milieu bancaire après de brillantes études.

Les bons conseils d'Emmanuelli… et de ma femme

Un peu sonné, je rejoins alors Henri Emmanuelli à la buvette. De son regard évidemment sourcilleux et de sa voix rocailleuse caractéristique, il me lance :

« Alors, c'était le président ?

— Euh… Oui…

— Et il t'a proposé le Budget ?

— Euh… Oui…

— Et toi, comme un con, tu as accepté !

— Euh… Oui…

— Tu es malade ! Qu'est-ce que tu vas foutre dans cette galère ! Ici, à l'Assemblée, tout le monde te respecte ! Tu vas te griller au gouvernement !… »

Je connais bien Henri, et sais qu'il faut toujours le laisser éructer avant d'argumenter… Après l'avoir entendu quelques minutes me gourmander, je glisse timidement :

« Henri, tu sais, j'ai 58 ans, les trains ne passent qu'une fois ! Pour moi, venant de ma Lorraine, c'est une occasion unique… Et pour se faire entendre, mieux vaut être dedans qu'à côté… »

Le visage d'Henri s'éclaire brutalement et, dans un large éclat de rire, il se lâche :

« Mais couillon, je te fais marcher ! Tu as raison, ça ne se refuse pas !…Tu as bien fait, bravo, sois bon et tu auras mon soutien ! »

Je plante là mon Henri, et remonte dare-dare dans mon bureau. J'y trouve mon équipe tout excitée, me cherchant partout parce que « l'Élysée voulait me joindre »… Je leur confirme ce dont ils se doutaient, leur demandant le silence absolu.

Mon premier coup de fil va bien sûr à mon épouse.

Laurence a partagé tous les moments importants de mon parcours politique. Elle a toujours été de bon conseil et connaît mieux que quiconque mes forces, mes faiblesses, mes doutes, mes envies et mes réticences…

Elle a constamment accepté les contraintes de la vie publique, qui dévore la vie privée et change les relations aux autres. Elle l'a fait parce qu'elle savait que chez moi l'envie d'être un acteur public était viscérale. L'une des qualités de Laurence est de démontrer jour après jour que le véritable amour consiste à aider l'autre à réaliser ses désirs, quand bien même cela se ferait au détriment des siens.

Nous avions tous les deux échangé sur la possibilité que l'on me propose d'entrer au gouvernement. Laurence m'avait conseillé de refuser : le quinquennat était mal parti, mon poste à l'Assemblée était intéressant et prenant… J'avais pour ma part émis des doutes sur mes capacités à réussir, sachant que le poste de secrétaire d'État au Budget était très exposé et que je n'avais aucune expérience gouvernementale. Laurence m'avait justement fait remarquer que j'étais plutôt reconnu comme un efficace rapporteur général, mais était restée ferme sur son conseil, me trouvant plus à ma place à l'Assemblée.

Lorsque je l'informe de l'appel du président et de mon acceptation, Laurence, comme d'habitude, me dit sa joie pour moi, car elle sait combien mon parcours politique et mon investissement personnel trouvent là une forme de reconnaissance et d'aboutissement. Elle me redit néanmoins les raisons qui auraient dû, selon elle, me faire décliner l'offre que je viens d'accepter…

Durant les trois années qui suivirent, elle aurait eu beaucoup d'occasions de me les rappeler… Mais elle ne l'a que rarement fait ! Elle a senti plus que quiconque mes agacements permanents. Elle a compté les couleuvres que j'ai avalées. Elle a vu ma fatigue, le peu de reconnaissance que l'on m'a accordée, les mesures impopulaires que j'ai eu à porter alors que les bonnes nouvelles étaient préemptées par d'autres…

J'avertis ensuite bien sûr immédiatement mes trois filles, ma mère et ma belle-mère. Toutes ont quelque part contribué à cela d'une certaine façon. J'avertis enfin un de mes fidèles compagnons – un autre Francis… – qui, comme secrétaire de mairie ou premier adjoint de ma ville de Trieux, a été pour moi un appui solide.

Il est alors 15 heures, et la séance de questions au gouvernement commence. Je passe un petit mot durant la séance à Michel Sapin, mon – futur – ministre de tutelle, pour le remercier et lui témoigner mon engouement à travailler avec lui. Au lieu de me faire transmettre discrètement une réponse par les huissiers, il se retourne, me cherche du regard et, ostensiblement, me fait un grand signe de la main… Dans l'hémicycle, beaucoup de mes voisins, aux aguets des rumeurs concernant les nominations attendues en fin d'après-midi, me regardent d'un air entendu…

À mi-séance, je ne tiens plus en place. Je décide de quitter l'hémicycle et de rejoindre mon bureau. En chemin, je rencontre Valérie Rabault, manifestement pressée… Je l'arrête car je sais que son nom avait circulé pour le poste de secrétaire d'État au Budget. Je lui apprends la nouvelle, un peu gêné… Mais je la vois immédiatement sourire et m'exprimer sa joie pour moi ! Elle est pressée car elle apporte sa réponse – qui sera négative – à la proposition que Manuel Valls lui a faite de devenir secrétaire d'État au Commerce et à l'Artisanat.

Je m'isole alors avec Francis Herbays, attendant fébrilement devant la télévision de mon bureau l'annonce du secrétaire général depuis le perron de l'Élysée. Nous sommes graves, fiers, émus. Le moment arrive et officialise ma nomination comme secrétaire d'État au Budget. J'occuperai ce poste plus de trois ans, une longévité assez rare pour cette fonction.

Aussitôt mon téléphone crépite et je reçois en quelques minutes plus d'une centaine de SMS. Impossible de répondre aux innombrables appels qui ne cessent d'arriver sur mon mobile. Mon bureau voit défiler les administrateurs qui m'épaulent depuis deux ans, fiers et heureux de voir leur rapporteur rejoindre les ministres de Bercy. Pour moi, c'est la fin d'une époque, un saut dans l'inconnu, le début d'une expérience qui se révélera aussi compliquée qu'elle était peu prévisible.

Premiers pas à Bercy

À mon arrivée à Bercy, j'entre avec émotion dans le plus beau bureau de la maison. Je sais que, lors des remaniements précédents, certains se sont battus pour se voir attribuer le prestigieux 5e étage. L'heureux hasard a fait cette fois que j'hérite sans conflit de l'ancien bureau de Michel Charasse, illuminé par de larges baies vitrées donnant sur la Seine et Paris. Une vue magnifique. Les murs en bois blond et les meubles napoléoniens offrent un curieux mais harmonieux mélange d'ancien et de moderne, rehaussé par une tapisserie des Gobelins ornant le mur du fond. Le splendide bureau, où Cambacérès écrivit naguère le Code civil, est proportionnel à mes mensurations imposantes… Une bibliothèque et des consoles d'époque complètent cet ensemble qui impressionne toujours les visiteurs dès leur entrée.

Un peu mal à l'aise dans cet environnement fastueux, je suis surpris de trouver un bureau vide. Vide de chez vide ! Pas de téléphone, pas d'ordinateur, pas d'imprimante, seuls un bloc-notes et quelques stylos… Les deux secrétaires particulières qui occupent le petit bureau attenant me le confirment : à chaque remaniement, quelles que soient les conditions politiques, tout est soit archivé, soit détruit, avec des règles précises et strictes.

Mais elles me rassurent aussitôt, le service informatique va venir dans le quart d'heure et m'installer mes outils de travail. Téléphones, ordinateurs arriveront effectivement dans l'heure, et le bureau vide sera vite inondé de notes, de parapheurs, de dossiers, que je m'efforcerai de traiter rapidement.

J'étais très excité à l'idée de ce nouveau challenge. J'étais plein d'énergie. J'allais enfin pouvoir mettre en application mes idées. J'allais entrer à Bercy et à l'Élysée, discuter et influer sur la politique de mon pays.

Mais j'allais aussi déchanter, même si j'ai tiré mon épingle du jeu dans deux ou trois arbitrages. J'ai fait passer quelques lois utiles aux Français les plus pauvres. Quand je repense à celui que j'étais à ces instants et à celui que je suis aujourd'hui, j'ai le sentiment de deux hommes différents. Tout est allé trop vite pour le « petit ministre » que j'étais, corseté entre une administration récalcitrante et un voisin de bureau très entreprenant, un certain Emmanuel Macron.

7

Le coup de com' de Macron

Tout commence le jour de ma nomination en avril 2014. Il n'y a pas de passation de pouvoir au sens habituel. Mon prédécesseur, Bernard Cazeneuve, a quitté son bureau de Bercy quelques jours plus tôt pour le ministère de l'Intérieur, place Beauvau.

Si cette histoire peut paraître anecdotique, elle traduit bien les facettes de la vie de ministre, à Bercy en particulier. Elle est surtout révélatrice du fossé qui s'ouvre entre Emmanuel Macron et moi.

Toujours prévenant, Michel Sapin m'appelle dès l'annonce officielle pour convenir avec moi des conditions précises de mon arrivée à Bercy. Il souhaite, faute de vraie passation, m'accueillir personnellement, avec quelques collaborateurs très proches.

En fin d'après-midi, j'entre donc avec lui à l'Hôtel des ministres, sa directrice de cabinet Claire et quelques intimes à nos côtés. Michel et moi nous entretenons une grosse demi-heure en tête à tête dans mon nouveau bureau et évoquons la situation, la constitution de mon cabinet, notre méthode de travail et le dossier urgent du programme de stabilité à transmettre à Bruxelles.

Concernant la «maison» Bercy, Michel me confie son inquiétude sur la douane. Contrainte à des restructurations, conduite à évoluer, s'interrogeant même sur son avenir, cette administration connaît une tension maximale et le dialogue social y est quasiment rompu. Michel me charge très précisément de m'en occuper, de recevoir vite et régulièrement leurs organisations syndicales et de veiller à ce que le plan pluriannuel de modernisation soit mis en place sans crise majeure.

Pendant trois ans, j'ai donc beaucoup reçu les agents, je me suis très souvent déplacé dans les brigades, j'ai programmé mille embauches, «inversant la courbe... des effectifs douaniers» et obtenant que les personnels réintègrent le défilé du 14 Juillet, pour la première fois depuis des dizaines d'années. J'y ai passé un temps fou, découvrant une structure complexe, des métiers particuliers, ainsi que des femmes et hommes attachants. Plus globalement, notre gouvernement a donné un avenir à la douane.

La navette du Nouveau Monde

Bercy est situé hors du périmètre d'or qui rassemble dans Paris l'Élysée, Matignon, le Parlement et la plupart des ministères. Or le temps des ministres est aussi rare que les embouteillages sont fréquents ; mais les sirènes et les motards irritent les Parisiens. Une «navette» fluviale nous conduit donc rapidement sur la Seine, de Bercy jusqu'à la place de la Concorde. Deux vedettes de la douane[1], vieillottes mais confortables et efficaces, sont pilotées par des douaniers pour assurer les trajets. Seuls les membres du gouvernement y sont admis, le cas échéant avec leurs accompagnants.

Début 2016, mon cabinet m'informe que, sur la Seine, des douaniers se sont illustrés en sauvant de la noyade un désespéré qui voulait mettre fin à ses jours : les deux agents ramènent à vide leur navette de l'embarcadère de la Concorde quand ils aperçoivent un individu sauter d'un pont. Ils se rapprochent aussitôt de l'homme qui refuse de saisir la bouée qu'ils lui lancent. Un douanier saute courageusement à l'eau. Le gouvernail bloqué par un vêtement, le bateau termine sa course contre une pile du pont. Mais tout le monde finit sain et sauf.

Avec ma cheffe de cabinet, nous décidons donc d'inviter l'ensemble des douaniers de la brigade fluviale à partager un petit déjeuner dans mon bureau, et d'en profiter pour récompenser les deux douaniers courageux avec une médaille et quelques cadeaux.

Les cabinets des ministres sont hyper-vigilants et veillent à tout. Chaque rendez-vous est passé au scanner, fait l'objet de notes détaillées et d'une préparation avec le ministre lui-même. La veille du petit déjeuner, on me « briefe » sur la réception du lendemain. J'écoute distraitement, car je connais ces douaniers et j'entends

1. Les douanes relevant de ce ministère assurent depuis toujours la surveillance des locaux de Bercy et une partie de l'intendance, en lieu et place d'agents de police.

faire peu de cas du protocole et souhaite surtout partager avec eux un moment convivial.

Après m'avoir décrit le déroulé, listé les viennoiseries et les boissons, proposé les décorations à remettre, mes conseillers me font part d'un «risque» de réclamation de l'équipe fluviale : nos deux navettes sont vétustes, tombent souvent en panne. Trouver les pièces de rechange devient difficile et les réparations sont de plus en plus coûteuses. Il se trouve que l'équipe fluviale a été approchée par une entreprise de type start-up, proposant des SeaBubbles, navettes fluviales d'un nouveau genre.

On me montre alors un dossier, bien formaté, présentant des montages photographiques de ces nouveaux engins quelque peu futuristes sur la Seine, avec un mini-port situé sous le bâtiment de Bercy. Je découvre ces petits véhicules électriques, dont le principe est basé sur celui des hydroptères. La vitesse et la morphologie de ces véritables «bateaux volants» les font pratiquement décoller de l'eau.

Mais l'entreprise qui les construit n'en est qu'au stade des prototypes, rien n'est encore homologué, les prix, inconnus et, pour finir, il faudra construire un quai spécifique pour garer et recharger les SeaBubbles. Mes conseillers souhaitent m'informer, au cas où les douaniers, évidemment intéressés, évoqueraient ce sujet.

Le lendemain, comme convenu, tous les équipages entrent dans mon bureau, les yeux écarquillés. Il faut dire que l'endroit est splendide : d'immenses baies vitrées ouvertes sur Paris quasiment à la verticale de la Seine, le tout sous des hauteurs donnant un volume impressionnant. Tous pénètrent ici pour la première fois. On prend les photos, plonge sur les pains au chocolat, prononce les éloges prévus et prolonge ce moment en parlant à bâtons rompus autour d'un café.

Bien sûr, le responsable du groupe finit par sortir le dossier SeaBubble que je reconnais immédiatement. Je l'écoute attentivement, devine chez lui l'envie de disposer de nouveaux outils, même s'il reste prudent en s'adressant à son ministre de tutelle. Je réponds avec la même prudence, indique que la démarche pourra prospérer lorsque les véhicules auront été testés et homologués et rappelle les contraintes budgétaires qui sont les nôtres. Je m'engage à étudier avec bienveillance le projet, dès lors qu'il sera techniquement validé et qu'il n'explose pas nos dépenses. Je n'ai rien promis mais rien écarté.

Les équipes repartent satisfaites, me promettant une invitation dans leurs locaux de bord de Seine pour un prochain apéritif « déjeunatoire » composé de spécialités de leurs régions d'origine… J'oublie pour un temps les SeaBubbles. Pour un temps seulement…

Les manœuvres de Macron

Début juillet de la même année 2016, le Premier ministre se rend pour un voyage éclair en Corse. Je suis dans la délégation, car les questions fiscales y sont extrêmement sensibles : le non-règlement hyper-dérogatoire des droits de succession et quelques autres sujets tout aussi favorables en vigueur dans l'île de Beauté

– prix du tabac, déductions fiscales supplémentaires, non-paiement récurrent des cotisations sociales des agriculteurs… – font l'objet de sempiternelles exceptions, rediscutées régulièrement à chaque loi de finances et à chaque censure du Conseil constitutionnel.

Le lobby corse à l'Assemblée est l'un des plus puissants. De nombreux députés, pas forcément élus dans les circonscriptions de Corse, ont des origines ou des attaches en Corse. François Pupponi, à gauche, et Xavier Bertrand, à droite, en font par exemple partie.

Un peu avant de monter dans l'avion du retour, je reçois un mail de mon cabinet reproduisant deux articles de presse. L'un d'eux, extrait du *Parisien*, titre : « À VivaTech, Macron commande les premières SeaBubbles pour ses douaniers[1] » !

J'imagine la joie des douaniers… Macron commande les jouets qu'Eckert n'a pas voulu nous acheter ! Je n'ai pas de budget, pas entendu parler d'appel d'offres, encore moins signé de commande pour des véhicules qu'on m'a présentés comme n'étant qu'au stade de prototype… Et puis « *ses* douaniers »…

Je passe des heures à améliorer nos relations avec eux, peine à restructurer leur réseau, gère les liens police-justice-douane, travaille sur la fluidité des opérations de dédouanement dans les ports et les aéroports, l'autoliquidation de la TVA sur les échanges internationaux… Et mon collègue décide seul, sans même m'en parler, de dépenser quelques dizaines de millions pour des

1. *Le Parisien*, 2 juillet 2016.

véhicules encore en gestation sur un budget qui n'est pas le sien ! Et, évidemment – c'est le but de la manœuvre –, il s'empresse de le clamer devant la presse !

Je manque de m'étouffer, et envoie sur-le-champ un SMS à Emmanuel Macron, devenu l'espace d'un salon le « père Noël de la brigade fluviale », pour lui demander des explications. « De quel droit as-tu commandé des SeaBubbles pour la douane ? Sur quel budget ? Merci de ta réponse. » Sa riposte est aussi rapide que vague : « J'ai rien commandé, la presse exagère, ceci dit le chef d'entreprise attend un signe… Sinon il va se barrer ailleurs. »

Ceux qui me connaissent savent que mes colères sont rares. Elles sont d'autant plus violentes que ma rancune tenace. Le voyage Ajaccio-Paris ne me calme pas et, juste après l'atterrissage, je lance un tweet rageur :

« #Macron passe des commandes de SeaBubbles pour la douane. Il fait donc tout à la fois ce surhomme. Ministre de tous les étages de Bercy ? »

D'ordinaire, mes tweets sont vus entre 1 000 et 5 000 fois. Celui-ci atteint rapidement plus de 50 000 affichages. La presse s'en mêle et, depuis Ajaccio, le Premier ministre tente d'éteindre la polémique en disant du bien de ses deux ministres, veillant à un équilibre parfait.

Mais, derrière cette fâcherie qui peut paraître exagérée et anecdotique, s'exprime un clivage plus profond. Sur bien des sujets, Emmanuel Macron n'a eu de cesse de ringardiser ses collègues et d'enfourcher systématiquement – et sans argument de fond – le cheval de l'innovation : un Eckert dépassé, économe pour ne pas dire pingre qui s'oppose à un Macron moderne, audacieux et investisseur. Voilà pourquoi ce qui aurait dû être un épiphénomène a été scénarisé par le futur Marcheur.

Ce n'est d'ailleurs pas un hasard si les déplacements du ministre de l'Économie à Las Vegas pour la French Tech Night ont été réalisés selon un budget *unlimited*, accordé avec la bénédiction de sa future ministre du Travail, Muriel Pénicaud[1], qui reste soupçonnée d'un possible délit de favoritisme. C'est assurément plus *smart* de se montrer à Las Vegas au milieu des projecteurs que de gérer les difficultés d'une fonderie d'aluminium des environs de Longwy qui emploie – encore – trois cents ouvriers. Mon ancrage territorial est en Lorraine, pas dans le désert du Nevada.

Aux dernières nouvelles, les SeaBubbles, ces taxis volants électriques, navigueront bientôt sur la Seine. Uniquement pour un galop d'essai. La maire de Paris, Anne Hidalgo, a indiqué fin novembre 2017 que, après avoir levé les contraintes réglementaires, les premières SeaBubbles pourront être expérimentées en 2018. Le Suédois Anders Bringdal, cofondateur de ces merveilles, s'en est félicité. Tant mieux. Nos successeurs à l'Économie, Bruno Le Maire et Gérald Darmanin, pourront alors juger ensemble de la pertinence d'un projet propre à Bercy, en assurer le financement et communiquer sur du concret, pas sur du vent.

1. Alors à la tête de Business France, organisme public chargé d'assurer le développement des entreprises françaises à l'étranger, des investissements internationaux en France et de la promotion économique de la France.

8

Ne cédons pas les bijoux de l'État !

Au 8e étage de Bercy, à l'été 2015, sont rassemblés autour de la table le ministre des Finances, Michel Sapin, celui de l'Économie, Emmanuel Macron, et moi, ainsi que le gratin des hauts fonctionnaires de Bercy. Il y a surtout les représentants de l'Agence des participations de l'État (APE). Analystes financiers, professionnels de la Bourse, ce sont eux qui sont chargés de gérer le portefeuille d'actions détenues par l'État.

Le sujet du jour consiste à examiner la possibilité de céder des titres de la Française des jeux (FDJ) ou d'Aéroports de Paris (ADP), dont l'État est largement actionnaire, à hauteur respectivement de 72 % et 50,6 %. Quelques minutes suffisent pour constater qu'Emmanuel Macron souhaite vendre et que Michel Sapin hésite. Ma position, elle, est ferme : sortir la FDJ du giron de l'État est dangereux à tout point de vue.

Emmanuel Macron insiste : « Ce n'est pas le rôle de l'État de gérer ce type de société. C'est ringard et des actionnaires privés feraient beaucoup mieux. »

Michel Sapin sent poindre le conflit :

« Christian, toi qui connais bien ça ?... T'en penses quoi ?

— La FDJ est bien gérée, s'est modernisée, et les jeux ne sont pas une marchandise banale ! »

Dans une ambiance tendue, tout le monde s'accorde sur les désaccords et chacun fourbit déjà ses armes pour la réunion d'arbitrage devenue, pour le moins..., indispensable à Matignon.

Si j'ai autant de réserves sur ces privatisations, c'est d'abord parce que j'ai de la mémoire. Mon parcours politique a été émaillé de situations comparables où l'épineuse question « Public ou privé ? » m'était posée.

Privatiser l'eau !

Je me suis ainsi, par exemple, passionné et beaucoup investi dans le domaine de la production, de la distribution et du traitement de l'eau potable. Le sujet présente de multiples facettes, dont tout responsable politique devrait se préoccuper : scientifique, économique, sociale, environnementale...

L'alternative – c'est sans doute la question fondamentale – est de choisir entre une gestion publique ou une gestion privatisée, c'est-à-dire déléguée, moyennant finance, à une entreprise privée. Jusqu'ici, la loi confiait aux communes, seules ou regroupées, cette compétence légale. Des évolutions législatives sont en cours, mais là n'est pas le sujet qui nous intéresse.

Pour les maires, la gestion de l'eau est une charge peu valorisante : les impayés, les coupures, la qualité, le prix, la gêne occasionnée par les travaux, les risques sanitaires sont autant de sujets qui ne sont pas les plus nobles et les plus populaires pour des femmes et des hommes confrontés périodiquement aux usagers-électeurs. Mieux vaut rénover une placette bien visible que de changer une conduite d'eau enterrée, dont les électeurs oublient vite l'utilité une fois la pose réalisée !

Les grandes sociétés privées l'ont compris et proposent régulièrement aux élus de les décharger de cette mission, sous forme de délégation de service public (DSP), dont les conditions financières, les durées comme les règles de concurrence sont beaucoup moins limpides que le produit concerné !

Le constat est que ces sociétés privées ont souvent réussi à y dénicher des marchés juteux et se sont constitué des rentes au détriment des abonnés captifs, avec la bienveillance et même parfois la complicité des élus, voire des administrations.

Dans ce domaine, le rôle de l'État est de chercher l'intérêt général. Les lobbies de l'eau sont d'une activité extraordinaire, à tous les niveaux de l'État. Ayant connu bien des échelons électifs, je l'ai mesuré plus que d'autres. Les grandes compagnies du secteur sponsorisent de nombreuses manifestations, y compris les plus locales, réservent les loges des stades, organisent force congrès, de préférence en bord de mer, invitent généreusement, prennent en charge les déplacements et l'hébergement, rarement dans des hôtels bas de gamme…

Sur ma terre lorraine d'élection, la ressource principale en eau potable s'est longtemps résumée à l'utilisation des eaux extraites pour exploiter les mines, appelées « eaux d'exhaure ». Sa substitution lorsque les mines ont disparu a longtemps été un enjeu majeur pour toute une région : posséder la ressource « en amont » permet d'imposer à tout « l'aval » ses conditions ! La bataille des eaux d'exhaure en Lorraine a été pour moi une expérience riche d'enseignements.

Les préfets de région successifs s'en sont saisis. Ils ont eu à examiner les solutions « clefs en main » portées tantôt par les sociétés passées de « Générale », « Lyonnaise » ou « Bouygues », à des appellations plus modernes du style « Veolia », « Suez », « Saur »… Des patronymes chatoyants dont le caractère philanthropique n'a rien d'évident… Les prix à l'abonné dans des secteurs concédés sont ainsi en moyenne 15 % supérieurs à ceux pratiqués par des régies publiques, pour des services identiques, voire souvent médiocres !

Les lobbies à la manœuvre

J'ai en Lorraine côtoyé, entre autres, un préfet de région, Bernard Hagelsteen, auquel je me suis régulièrement opposé avec vigueur. Ce dernier s'apprêtait, par des arrêtés scandaleux, à créer les conditions d'un monopole privé de la ressource en eau qui aurait entraîné rapidement les collectivités locales vers des externalisations, dont beaucoup d'élus locaux, moi le premier, ne voulaient pas. Son départ vers d'autres missions ne m'avait pas chagriné, mais il sut se rappeler à moi quelques années plus tard…

L'une des façons – s'il n'y avait que celle-là – pour les concessionnaires de servir généreusement leurs actionnaires est de prendre à leur charge, sous forme d'emprunts, les investissements à réaliser. Ils se remboursent, à l'euro près, intérêts compris, dans le prix de vente à l'abonné. Les intérêts des emprunts étant déductibles de l'assiette imposable, leur impôt sur les sociétés s'en trouve considérablement réduit. Sans risque, ce simple transfert permet en toute légalité une « optimisation fiscale » idéale.

Devenu rapporteur général du budget, j'ai analysé pour mes collègues députés une proposition du gouvernement que je soutenais : limiter la déductibilité des frais financiers des grandes entreprises de l'assiette de leur impôt sur les bénéfices ! Cette disposition répondait d'abord au souci de trouver des recettes bien nécessaires pour combler les déficits, reproduisait à peu près la pratique de nombreux pays européens, dont l'Allemagne, et visait à encourager les entreprises à augmenter leurs fonds propres plutôt que d'avoir recours à l'emprunt. Elle n'avait pas été spécialement préparée pour éviter « l'optimisation fiscale » des concessionnaires.

Un jour, mon secrétariat m'avertit qu'un dénommé Bernard Hagelsteen souhaite me parler au téléphone, précisant m'avoir bien connu dans ses fonctions antérieures de préfet de région en Lorraine. Je prends l'appel. Nous évoquons nos échanges aussi francs que courtois dans nos vies antérieures. Il me dit son respect pour ma carrière politique et m'informe qu'il est devenu conseiller « relations publiques » – bref, un lobbyiste – du président de Vinci Autoroutes, Pierre Coppey, qui souhaite ardemment me rencontrer pour « un sujet important ».

Je note, car l'anecdote est troublante, qu'après ses fonctions en Lorraine Bernard Hagelsteen a officié en tant que préfet de région des Pays de la Loire et préfet de la Loire-Atlantique. Il était à ce titre chargé du dossier de l'aéroport de Notre-Dame-des-Landes. Peu après son départ, la concession du futur équipement, aujourd'hui sous le feu des projecteurs[1], fut attribuée à... Vinci !

J'accepte un dîner rapide pendant la coupure du soir de la session en cours, sans savoir le motif précis de cette urgence : une loi de finances contient des dizaines d'articles importants et j'avoue que je n'avais pas encore fait le lien entre la limitation de la déductibilité des frais financiers et les autoroutes.

Le temps m'étant compté, le président Coppey, flanqué de Bernard Hagelsteen, écourte rapidement les civilités d'usage et aborde le sujet. Je comprends que les concessions d'autoroutes ressemblent aux délégations de service public du service de l'eau. Le texte du gouvernement avait pour effet de majorer substantiellement l'impôt acquitté par les concessionnaires, qu'il s'agisse d'autoroutes, mais aussi de délégation de service public de toute sorte – eau, assainissement, chauffage, restauration collective, éclairage public, gestion de stades, d'établissements publics, d'aéroports... ! L'enjeu se compte en milliard(s).

Pierre Coppey, dont la société mère ne s'occupe pas que d'autoroutes, m'informe que l'État, « au plus haut niveau », a été sensibilisé, pour exclure les différents types de concessions de cette limitation si « pénalisante pour ce secteur ». Je ne prends évidemment aucun enga-

1. Le projet a finalement été abandonné en janvier 2018.

gement et m'en tiens à la promesse d'un nouveau contact, après examen du sujet avec mes collaborateurs.

Petite victoire face à Macron

Jérôme Cahuzac, alors ministre délégué au Budget, connaît bien le sujet. Sa position me surprend : il est plutôt de mon avis, à savoir qu'il ne faut pas faire d'exception. Il me confirme par ailleurs que les lobbies sont à l'œuvre, et qu'à l'Élysée des soutiens s'activent pour préserver les concessionnaires. Emmanuel Macron leur a-t-il offert une oreille bienveillante ?

Lors d'un second contact, Pierre Coppey va plus loin : il m'indique que si un amendement n'épargne pas du rabotage des frais financiers les concessionnaires, le contentieux juridique sera engagé et fatal au gouvernement. Les clauses des contrats en cours prévoient en effet que tout changement de fiscalité sera supporté par le concédant, c'est-à-dire *in fine* l'usager ! Une analyse juridique rapide conduite par mes services atteste que le risque, sans être certain, n'est pas nul. Le même Coppey me précise de nouveau que l'Élysée, par l'intermédiaire d'un de ses conseillers en pleine ascension – je devine encore l'ombre d'Emmanuel Macron –, demandera à Jérôme Cahuzac d'aménager le texte. Je ne vois pas l'intérêt de l'État à faire des concessions de cet ordre à des groupes comme Vinci. Cette bataille sera la première que je livrerai en coulisses contre Emmanuel Macron.

Je ne le fréquentais pas à l'époque. Au contraire. En juin 2012, les conseillers de l'Élysée dans les domaines fiscaux et budgétaires viennent à l'Assemblée nationale rencontrer le nouveau rapporteur général que j'étais devenu. Une prise de contact importante, car nous sommes promis à de nombreux échanges durant l'examen des textes. On m'annonce que la délégation sera conduite par le secrétaire général adjoint de l'Élysée, Emmanuel Macron. Dix minutes seulement avant l'heure du rendez-vous dans mon bureau, mes collaborateurs reçoivent un appel de l'Élysée : « M. Macron est retenu pour d'autres sujets. Que M. Eckert tienne la réunion sans lui, il reprendra contact plus tard pour rencontrer le rapporteur général. » La délégation est venue, Emmanuel Macron n'a jamais rappelé…

J'obtiens finalement un compromis avec le ministre Cahuzac, plutôt de mon côté, et l'Élysée sous l'influence d'Emmanuel Macron : les contrats en cours – le stock – échapperont à la disposition. Et les contrats à venir – le flux – y seront soumis. J'aurai sauvé quelques centaines de millions, appelés à enfler avec le temps. Petite victoire, petite défaite, chacun jugera.

Mais les concessionnaires autoroutiers n'en resteront pas là.

Banni des discussions autour du BTP

Plus tard, je retrouve le président de Vinci Autoroutes, Pierre Coppey, pour d'autres discussions : mi-2015, Emmanuel Macron est devenu ministre de l'Économie, et moi secrétaire d'État au Budget. Les sociétés concessionnaires des autoroutes, « chatouillées » par Ségolène Royal – alors ministre entre autres des Transports –, proposent des aménagements à leurs contrats, pour les prolonger en échange de cofinancements de certains investissements, d'une petite contribution financière au budget de l'État, et d'une programmation des augmentations de péages…

Le secteur du bâtiment et des travaux publics étant à ce moment-là en plein marasme – et certains investissements à caractère régional en mal de crédits de l'État impécunieux –, le Premier ministre, Manuel Valls, enclenche donc des discussions auxquelles Michel Sapin et moi sommes associés. Le président Coppey est alors le principal porte-parole de ses collègues goudronneurs et bétonneurs.

Un cadeau au BTP dans mon dos

Le ministre du Budget que je suis n'a rapidement plus été convié à la table des discussions… Ségolène Royal et Emmanuel Macron ont conduit seuls les discussions. Et Matignon, sous la férule de Manuel Valls, a validé leurs accords. Mon cabinet comme celui de Michel Sapin ont été soigneusement tenus à l'écart et n'ont eu connaissance du contenu des accords que de façon partielle et seulement sur les sujets concernant les recettes de l'État ! Quant à moi, j'ai été « invité » à exécuter des dispositions, y compris fiscales, menées sous la houlette de Matignon par Emmanuel Macron et Ségolène Royal.

Avec le recul, je regrette de n'avoir pas montré plus de pugnacité sur ce dossier. Les conséquences de ces choix se mesurent régulièrement dans le portefeuille de nos concitoyens. Parlementaire, j'aurais sans doute été virulent contre les ponts d'or faits aux professionnels des Travaux publics. Devenu secrétaire d'État, la solidarité gouvernementale m'a conduit à me taire. D'autres domaines ont été émaillés de ce type de conflits d'intérêts entre public et privé : le secteur de la téléphonie avec l'attribution des fréquences hertziennes, celui de l'audiovisuel avec la TNT ou le partage des droits à diffuser de la publicité, de l'automobile avec la question du diesel, ou des transports aériens avec l'attribution des créneaux dans les aéroports… Mon souci de ne pas fragiliser mon gouvernement m'a trop souvent amené à avaler des couleuvres.

Avec le recul, avec plus d'expérience, j'aurais dû mettre en jeu ma démission, menacer de parler à la presse, ameuter quelques amis députés… Ce n'est pas dans ma nature. D'autres l'ont fait à diverses occasions : Arnaud Montebourg sur Florange, Delphine Batho sur son budget du ministère de l'Écologie… Ils n'ont pas obtenu gain de cause pour autant.

Les relations entre la «puissance publique» et les sociétés concessionnaires comme les sociétés d'autoroute ont largement été critiquées par la Cour des comptes, l'Autorité indépendante chargée de la régulation du secteur ferroviaire – l'Arafer –, certains journalistes d'investigation et divers rapports parlementaires. Tous pointaient les bénéfices très élevés des sociétés d'autoroutes, conséquences de contrats initiaux très mal conçus qui engageaient l'État. Mais les lobbies des grandes entreprises de travaux publics ont toujours obtenu, à tous les niveaux, les soutiens qui leur ont permis de gagner.

Certes, le péché originel n'a pas été commis par Emmanuel Macron ou les gouvernements de gauche. Cette privatisation des autoroutes a été bouclée en 2005-2006 par le tandem Jacques Chirac et son Premier ministre Dominique de Villepin. Elle avait suscité parmi les parlementaires nombre d'oppositions. Le ministre des Finances de l'époque, Thierry Breton, s'était montré rassurant : « Ne craignez rien, car c'est l'État qui contrôlera et qui fixera les tarifs (des péages). » Les promesses n'engagent que ceux qui y croient. L'État n'a, évidemment, jamais fait le poids.

Cet avenant passé quelque peu dans mon dos m'a laissé un goût amer. Mais cette amertume personnelle n'est rien au regard des prélèvements supplémentaires payés par tous les usagers. Pour se rendre en vacances, aller à leur travail ou transporter des marchandises, ceux qui franchissent les barrières de péages doivent savoir en versant leur obole que cet argent ne va pas au budget de l'État, mais qu'il nourrit en partie quelques grosses entreprises et leurs actionnaires !

Le gouvernement auquel j'ai appartenu n'a pas inversé la tendance, au contraire. Une occasion manquée, de plus. Connaissant nos successeurs, je crains que l'avenir n'arrange rien.

9

Macron contre la République

« Si vous faites cela, ce sera sans moi ! »

Je n'ai prononcé ce type de phrase qu'une fois en trois ans. C'était devant Manuel Valls, à propos de la privatisation de la Française des jeux (FDJ), qu'Emmanuel Macron, déjà à l'époque, souhaitait ardemment mettre en œuvre.

Privatiser la FDJ reste aujourd'hui une priorité absolue pour le président comme pour Bruno Le Maire, son ministre à Bercy. Je m'y suis toujours farouchement opposé. Je finis par me demander comme dans un mauvais polar : « À qui profite le crime ? »

Il suffit de réfléchir un peu et de repenser aux précédents en la matière, telle la privatisation des autoroutes – incroyable gâchis d'argent public –, pour comprendre que ce retrait de l'État serait une hérésie. Certaines taxes appliquées aux concessionnaires d'autoroutes auraient certainement pu être fixées avec un peu moins de complaisance, eu égard à la formidable rentabilité de ces contrats !

Le démembrement de l'État

Emmanuel Macron, devenu ministre de l'Économie en août 2014, a rapidement poussé à des privatisations dans plusieurs autres domaines. Après celle de l'aéroport de Toulouse-Blagnac qu'il a conduite et qui a connu quelques avatars sulfureux, les aéroports de Nice et de Lyon ont été cédés en octobre 2016 à différents consortiums…

Je n'ai jamais accepté qu'un actionnaire privé soit considéré par la plupart des milieux économiques comme systématiquement préférable à un actionnaire public.

La vraie question est plus profonde et subtile : à qui profite la performance économique ?

Le débat est sans fin et rebondit à chaque alternance. Le partage de la richesse est le cœur du sujet. Les salariés qui produisent et travaillent, les actionnaires qui investissent et prennent des risques, l'État qui forme, organise et accompagne, doivent trouver le juste retour de leur engagement qui permet la création de valeur. Salaires, dividendes et impôts sont interdépendants et génèrent des conflits d'intérêts évidents.

Depuis toujours et sûrement pour longtemps, ce débat divise. Certains proposent un partage selon « la règle des trois tiers[1] », mais tous constatent des évolutions très nettes au seul profit des actionnaires…

1. Un tiers des bénéfices va aux actionnaires, un tiers au développement de l'entreprise et un tiers aux salariés.

Le secrétaire d'État au Budget participe à la tutelle d'un certain nombre d'entreprises où l'État est directement ou indirectement actionnaire, seul parfois, majoritaire d'autres fois, ou simplement présent au capital. Cette tutelle est souvent partagée avec d'autres ministres : Transports, Agriculture, Défense, Recherche et bien sûr Économie.

Ainsi l'État détient entre 50 et 100 % des actions de STX, EDF, FDJ et ADP. Il possède également entre 19 et 30 % d'Areva, Thales, Engie et Renault. Et enfin sa participation est inférieure à 15 % chez Air France-KLM, Safran, PSA, Orange et Airbus.

Les participations publiques sont disséminées entre plusieurs structures : pour les participations détenues directement par l'État, c'est l'Agence des participations de l'État (APE), service du ministère des Finances ; pour celles détenues indirectement, la Banque publique d'investissement (BPI) et la Caisse des dépôts et consignations (CDC)… organismes proches de l'État mais qui ont leur autonomie. Le plus souvent, Michel Sapin, ministre des Finances, et les différents ministres de l'Économie, dont Emmanuel Macron, ont géré ces sujets sans que mon avis ait été sollicité.

Cela n'a rien de choquant, car les participations de l'État ne sont pas des questions principalement budgétaires. Acheter ou vendre des titres engendre des mouvements de trésorerie qui ont un impact sur l'exécution du plan prévu. Mais la comptabilité nationale, au sens des règles européennes, n'en tient pas compte dans le calcul du déficit des administrations publiques, qui est l'indicateur majeur.

En revanche, les dividendes versés sont des recettes qui ont un impact direct sur l'ensemble des indicateurs budgétaires.

Ainsi, la Banque de France ou la Caisse des dépôts génèrent des recettes annuelles non négligeables. D'autres recettes spécifiques, distinctes des dividendes, sont elles aussi issues d'entreprises publiques. C'est le cas pour près de trois milliards par an des produits des taxes sur les jeux.

L'État a donc de nombreuses raisons, particulièrement fondées, de vouloir rester actionnaire dans certains secteurs particuliers.

Des raisons stratégiques parfois : les entreprises proches de la Défense en sont une illustration. L'armement et ses liens avec le nucléaire justifient un pilotage de l'État pour d'évidentes questions de souveraineté nationale ;

des raisons d'aménagement du territoire aussi : la SNCF ou la RATP font des choix qui ne doivent pas être que financiers et méritent pour le moins une vision globale pour conduire de véritables politiques territoriales ;

des raisons sociales encore : les services de l'eau, de l'énergie ou de la couverture numérique ont des influences sur la vie quotidienne de nos concitoyens, au-delà de simples questions de rentabilité financière, sans même parler de leur enjeu environnemental.

Les privatisations de l'eau, là où elles se sont faites, n'ont pas baissé les prix pour les usagers, au contraire. Vendre les bijoux de famille n'est pas forcément une bonne affaire.

Les conséquences sur l'emploi peuvent être terribles. Les exemples d'ArcelorMittal à Florange, d'Airbus ou d'Alstom aux stratégies industrielles incohérentes – sauf pour leurs actionnaires privés… – l'attestent. La présence de l'État est alors essentielle et son impuissance ne peut qu'être incomprise par nos concitoyens.

Vent debout contre Macron !

Dans ce contexte, les ministres des Finances et de l'Économie ont à rendre des arbitrages difficiles. Je suis, pour ma part, intervenu dans quelques dossiers, et aurais apprécié plus de concertation sur certains autres…

En 2015, Emmanuel Macron veut vendre les parts de l'État dans Aéroports de Paris (ADP), dont le projet de cession rencontre l'opposition forte d'Alain Vidalies, secrétaire d'État aux Transports[1]. Alain est un proche et il me décline les arguments de son opposition farouche : les enjeux sont énormes. Outre bien sûr les équipements existants, ADP possède plusieurs milliers d'hectares en Île-de-France et sa valorisation, naturellement sujette à discussion, se compte en milliards d'euros !

Le ministre de l'Économie souhaite également privatiser la Française des jeux (FDJ). L'actionnaire très

1. ADP relevant également de la compétence de son ministère.

majoritaire de la FDJ est l'État. Le secrétaire d'État au Budget est plus particulièrement impliqué dans sa tutelle, pour des raisons historiques liées à l'importance des prélèvements sur les jeux. Michel Sapin m'a laissé toute latitude pour en piloter la gestion.

Potentiel scandale d'État

La FDJ n'est pas une entreprise comme les autres. Son activité sort de l'ordinaire et présente des enjeux de société majeurs. Jouer est une distraction, mais l'addiction au jeu peut être un grave danger pour des individus qui y sombreraient. L'actualité en a donné de trop nombreux exemples. Les règles doivent être précisément calibrées pour éviter les drames que les excès peuvent engendrer. Bien entendu il convient d'en protéger les plus fragiles, notamment les mineurs.

L'un des paramètres qui influent sur les joueurs est le taux de retour aux joueurs (TRJ). C'est le rapport entre les sommes misées et les sommes gagnées. Plus le TRJ est élevé, plus il y aura de joueurs gagnants. Si par exemple un million d'euros est joué avec un TRJ de 75, les joueurs empocheront ensemble 750000 euros. Mais il est bien connu que les joueurs ont tendance à rejouer lorsqu'ils gagnent. Un TRJ élevé encourage donc à miser sans cesse !

La direction de la FDJ me sollicite ainsi régulièrement pour les autoriser à augmenter le TRJ. Je l'ai la plupart du temps refusé, considérant que la croissance de l'entreprise, sans cesse constatée, était suffisante.

On sait également que les jeux sont un moyen de blanchir de l'argent obtenu frauduleusement. Là aussi, il faut des moyens de surveillance qui soient mis régulièrement en place !

Pour blanchir, il suffit de racheter des tickets à des gagnants. La contrepartie de l'argent liquide ainsi blanchi peut être fournie en cas de contrôle.

Les jeux représentent annuellement une manne de l'ordre de trois milliards d'euros pour l'État. Un prélèvement est opéré sur les mises, avant toute rétribution de l'entreprise et du réseau de distributeurs, et avant les gains restitués aux joueurs. C'est une vraie recette, annuelle, comptabilisée comme telle dans le calcul du déficit. La FDJ elle-même gagne un peu d'argent et paie un peu d'impôts sur ses bénéfices. Avec les dividendes versés, c'est une recette annuelle pour l'État qui est de l'ordre de 150 millions d'euros. Peu de chose par rapport à la taxation des sommes jouées.

Créée en 1933 afin de récolter des fonds pour les anciens combattants et les victimes de calamités agricoles, la FDJ en compte toujours dans son capital – Les Gueules Cassées, la Fédération Maginot… –, ainsi que quelques très petits actionnaires privés. Mais l'État possède 72 % du capital. De plus, la FDJ est une entreprise dynamique. L'argument souvent utilisé qui consiste à dire que la gestion publique oublie la modernité ne vaut certainement pas ici. La FDJ est en progression constante, noue des partenariats dans le monde entier et y est souvent prise comme référence.

Alors pour quelles raisons devrait-on la céder ? Et, en cas de cession, comment s'assurer que la lutte contre l'addiction sera bien conduite ? Que les mesures anti-blanchiment sont en place ? Que les mineurs sont bien protégés ?

Lorsque Emmanuel Macron en préconise la vente, la question du prix est rapidement soulevée. Évaluer une entreprise peut se faire de multiples façons : son patrimoine, son rendement financier, la valeur du monopole qu'elle détient…

Les taxes étant prélevées sur les mises, même à TRJ constant, toute baisse de prélèvement de l'État entraîne de fait une augmentation des bénéfices de l'entreprise et donc de sa valeur. Sans compter qu'une modification ultérieure de ce niveau de prélèvement ferait mécaniquement varier la valeur des titres.

Je suis donc vent debout contre cette cession, potentiellement source de scandale d'État. Vendre à un prix et changer discrètement les règles plus tard peut générer des plus-values considérables pour l'acheteur et donner lieu logiquement à des soupçons de favoritisme.

C'est – encore – l'une des nombreuses fractures entre Emmanuel Macron et moi.

Menace de démission

Ce sujet des privatisations divisant les ministres de Bercy « remonte » alors à Matignon. Une réunion est organisée avec le Premier ministre Manuel Valls, Michel Sapin, Emmanuel Macron, Alain Vidalies et moi-même pour évoquer d'abord le cas d'ADP, puis celui de la FDJ.

Ces réunions de ministres sont soigneusement préparées et respectent un rituel précis. Après un cadrage d'un Manuel Valls quelque peu crispé, les différents ministres s'expriment, dans l'ordre protocolaire, pour faire valoir leurs arguments. Dans une ambiance tendue, la réunion débute par le sujet ADP. Après le plaidoyer très libéral d'Emmanuel Macron parlant de « réforme nécessaire et de souplesse à trouver », Alain Vidalies met en avant l'importance du foncier propriété de la société, et pointe le risque de voir un actionnariat privé, voire étranger, « mettre la main et pouvoir spéculer sur des milliers d'hectares au cœur de l'Île-de-France ». L'idée de séparer le foncier des infrastructures est rapidement écartée en raison de sa complexité et des délais nécessaires. Le Premier ministre tranche donc contre la proposition du ministre Macron.

Ce qui ne me rassure pas !

Car, dans ce genre de situation, il est rare que quelqu'un perde sur tout... Je me dis que l'échec de Macron sur ADP fragilise ma position sur la FDJ. La discussion s'engage donc sur ce second dossier. Emmanuel

Macron parle « du besoin d'investir ailleurs, de laisser l'entreprise se moderniser, d'ouvrir le secteur ». Michel Sapin s'exprime alors brièvement de façon très neutre, affirme que « le secrétaire d'État au Budget gère et connaît parfaitement le sujet » et qu'il est temps d'entendre son point de vue.

J'égrène méthodiquement toutes les raisons pour lesquelles je m'oppose à une cession, même partielle, de la FDJ : blanchiment, addiction, gestion du réseau des distributeurs, probables polémiques sur le cadeau potentiel fait aux acheteurs…

Le Premier ministre me connaît bien et me demande en souriant de faire plus court. D'ordinaire « bon soldat », j'abrège à regret et termine sèchement mon propos : « Si la privatisation est décidée, je n'irai pas sur le banc du gouvernement pour faire voter cette mesure-là ! » Je n'avais pas prévu de conclure ainsi. Même si le mot de démission n'est pas prononcé, l'idée m'a traversé l'esprit. Et ils l'ont bien compris.

Avec le recul, je ne crois pas que cette conclusion m'ait fait gagner l'arbitrage. Manuel Valls a souvent mesuré ma fidélité et ma loyauté. Mais il sent bien que, cette fois, je n'irai pas où on veut m'emmener contre mon gré. Avant ce type de réunions, les cabinets échangent beaucoup. Manuel Valls connaissait ma détermination et sa décision était sûrement déjà prise, sans doute en accord avec le président de la République.

Pour ne froisser personne, il demande que le dossier fasse l'objet de travaux complémentaires, et qu'on en reparle d'ici six mois… Il n'en a évidemment plus été question jusqu'à l'élection d'Emmanuel Macron à la présidence de la République.

Macron revient à la charge

Depuis, malheureusement, les tractations vont bon train. Le nouveau ministre Bruno Le Maire parle de constituer un fonds d'aide à l'innovation, alimenté par les produits de cession de participations. À vrai dire, la Banque publique d'investissement et la CDC disposent déjà de ce type de fonds. Au besoin, compte tenu du faible coût de l'argent, les abonder pourrait se faire à moindre coût par emprunt.

Cette ritournelle de « l'État mauvais actionnaire » m'est insupportable. Comme si les actionnaires privés étaient toujours irréprochables. Comme si toute activité humaine devait être évaluée sous ce seul angle économique. Comme si l'action publique n'apportait pas aussi, par nature, une valeur ajoutée autre que budgétaire.

Le gouvernement d'Emmanuel Macron semble sur le point de céder à des intérêts privés des pépites telles que la FDJ. Quels sont ces intérêts qu'il semble si enclin à satisfaire ? Ce gouvernement a une bien piètre idée de l'intérêt public et de l'État, c'est-à-dire de lui-même.

10

Bercy de l'intérieur

Octobre 2016, chez ma boulangère, Gino, un ami de longue date, m'interpelle : « Christian, ça doit être super d'être logé à Bercy avec vue sur Seine et repas aux frais de la princesse ! Elle est comment, la chambre à coucher où Brigitte et Emmanuel Macron ont dormi ? »

Lorsque je me retrouvais à Trieux, en faisant mes courses, il n'était pas rare de m'entendre poser ce type de questions. Mais Gino était mal tombé. Avant d'emménager à Bercy, on m'avait trouvé un appartement de rattrapage à Beauvau.

« On m'avait d'abord mis dans un appartement au ministère de l'Intérieur, c'était bien mais pas top !
— Ah bon, pourquoi ?
— Les souris, partout, les souris !
— Tu te moques de moi ?
— Non, je t'assure… »

Gino a cru que je plaisantais. S'il avait su à quel point j'étais sérieux…

Des souris et des ministres

Les conditions matérielles de l'exercice de mes fonctions ont été contrastées. J'ai vécu une expérience exceptionnelle, de 2007 à 2017, comme député d'abord et comme secrétaire d'État ensuite. Mal placé pour porter un jugement moral, je veux en décrire avec le plus d'objectivité possible les contours.

Mon épouse, Laurence, pour des raisons professionnelles, devait beaucoup voyager. Mais, entre ses missions, c'est à Paris qu'elle exerçait.

En 2005, nous avons fini par acheter à crédit, rue de Richelieu, dans le 2ᵉ arrondissement, un appartement au 8ᵉ et dernier étage d'un immeuble donnant sur une cour intérieure. Notre maison de Trieux, en Lorraine, restait notre résidence principale.

Cet appartement parisien, destiné au départ à Laurence seulement, a une superficie de quatorze mètres carrés. La douche y est jumelée aux W-C, un minuscule coin cuisine y est aménagé. Lorsque le clic-clac est déployé, on y circule difficilement, surtout quand on a ma carrure ! Pourtant, l'endroit est lumineux, situé dans un immeuble pourvu d'un gardien, dans un quartier animé où les bureaux côtoient les cinémas, les théâtres et les restaurants. De plus, une terrasse de vingt-cinq mètres carrés permet, par beau temps, de retrouver de l'espace.

En 2007, je deviens député et dois moi aussi rester à Paris quelques jours par semaine. Mon bureau de l'Assemblée nationale n'offre pas de possibilité de couchage.

Jusqu'en 2014, même si c'est un peu juste, cette organisation nous suffit. Laurence a pris sa retraite et vient moins à Paris.

C'est la naissance de notre première petite-fille, Alice, dont les parents vivent et travaillent à Paris et que Laurence va garder presque tous les jours, qui nécessite des changements. De plus, en avril, j'entre au gouvernement et mes nouvelles obligations imposent que je sois logé dans un appartement de fonction.

À Bercy, Michel Sapin et Arnaud Montebourg occupent les deux appartements du bout du célèbre bâtiment, côté Seine. Après de multiples tractations de plus d'un mois avec le secrétaire général du gouvernement, on me propose de loger au… ministère de l'Intérieur, rue des Saussaies.

Un vaste appartement, assez bien rénové, dont je n'occuperai qu'une moitié, m'est proposé, sans aucun service, ni repas, ni ménage. C'est paraît-il la – nouvelle – règle pour les ministres logés hors de leur ministère. J'obtiendrai, en faisant appel à Michel Sapin lui-même, quelques heures de ménage effectuées par une employée de Bercy chaque semaine. À condition de prévenir, je pouvais y organiser des repas lorsque je recevais des interlocuteurs officiels en qualité de ministre. Avec le sentiment de quémander à chaque fois, j'ai dû utiliser cette faculté au plus une quinzaine de fois en un peu plus de deux ans.

À Beauvau, j'étais loin de mon bureau, mais à deux pas de l'Assemblée, de l'Élysée et de Matignon. La navette fluviale me permettait, même tôt le matin, d'être opérationnel à Bercy. Sortir de l'espace très minéral du ministère de l'Économie n'était pas désagréable. Nous étions loin de nos enfants, mais la petite Alice pouvait faire ses premiers pas dans l'entrée, à elle seule cinq fois plus grande que l'appartement de la rue de Richelieu.

C'est dans ce nouvel appartement que nous avons fait connaissance d'une armée de gentils rongeurs. Ils n'étaient pas particulièrement agressifs, mais j'ai eu le plus grand mal à m'en débarrasser. Les services de l'État n'avaient pas prévu de service de dératisation…

Dès lors, nous étions rarement seuls ! Rapidement, la présence de souris est devenue le fil rouge de nos soirées… Il y en avait partout… Des crottes se retrouvaient jusque sous le matelas du lit conjugal. Les poisons et autres pièges tendus procuraient quelques accalmies. Même si Alice trouvait ces petits animaux sympathiques, Laurence n'était pas de cet avis. Bernard Cazeneuve lui-même, alerté par mes soins, fit s'agiter un peu les entreprises de dératisation, mais la trêve fut de courte durée.

Fin 2017, une ministre du Nouveau Monde[1], Jacqueline Gourault, logée elle aussi au ministère de l'Intérieur, s'est épanchée dans la presse sur la présence de rats dans son logement. Cela nous a rappelé à Laurence et moi quelques souvenirs… Que nous avions, nous, jusque-là gardés pour nous.

1. Auprès du ministre de l'Intérieur.

Le grand appétit d'Emmanuel Macron

Fin août 2016, les événements politiques nous ont enfin offert une issue dans notre lutte contre les rongeurs, quand le ministre de l'Économie Emmanuel Macron a démissionné du gouvernement, franchissant une étape supplémentaire dans sa marche vers l'Élysée. Nous avons déménagé de Beauvau et hérité jusqu'à la fin de ma mission des appartements et du personnel de Brigitte et Emmanuel Macron, au 6e étage de Bercy. Autant dire que le changement fut radical.

Un temps conseiller influent de François Hollande, le jeune énarque et ancien banquier d'affaires chez Rothschild était devenu l'un de ses ministres. En débarquant avec nos petites valises dans ces trois cents mètres carrés *high-tech* et rutilants, nous n'avions évidemment pas conscience de les poser dans le lieu qui a servi de tremplin au futur président de la République. Qui pouvait savoir ? C'est une question que je me suis beaucoup posée depuis mon départ du gouvernement. Avant, je n'avais pas le temps d'y penser. François Hollande lui-même l'a-t-il mesuré ? Je l'ai interrogé à ce sujet après son départ de l'Élysée. Il ne m'a pas clairement répondu. Son attitude et son degré d'acceptation de cette situation inédite restent mystérieux.

Ce qui m'apparaît aujourd'hui évident, ayant été le voisin de bureau d'Emmanuel Macron pendant ses deux ans et quatre jours passés à Bercy, c'est que le couple a profité à plein régime de cette période pour préparer l'avènement de leur mouvement politique et créer les conditions de l'ascension d'Emmanuel jusqu'à la plus haute marche du pouvoir.

Je parle du couple car j'ai pu observer de près la méthode très efficace de Brigitte Macron pour organiser l'emploi du temps, les rencontres et les repas de son époux, particulièrement à Bercy.

Bien sûr, en dépit de sa connaissance du milieu, le ministre et leader d'En marche ! n'aurait pas pu prévoir la chute de François Fillon qui l'a grandement aidé dans sa conquête du pouvoir. Mais Emmanuel a su habilement jouer sur et avec les hommes et les institutions pour faire de son passage comme ministre de l'Économie la piste d'envol de sa candidature. Mon principal grief à son égard, au-delà de nos désaccords politiques, porte sur cette duplicité qu'avec le recul je continue à trouver inadmissible, voire détestable.

À Bercy, Brigitte et Emmanuel Macron occupaient, à la suite d'Arnaud Montebourg, l'un des deux splendides appartements surplombant la Seine, avec parquet en chêne clair, moquette et immenses baies vitrées. C'est dans ce cadre digne d'une revue d'architecture que, matin, midi et soir, le couple a reçu beaucoup de monde pour préparer le décollage d'En marche !. La vue sur Paris y est exceptionnelle, et la salle à manger peut accueillir les journalistes, les acteurs, les écrivains, les « people », les chefs d'entreprise, les chanteurs, le Tout-Paris et bien au-delà, accourus le plus souvent par l'entrée discrète située quai de Bercy. D'autres, anciens ministres de la maison, habitués par réflexe à entrer par la cour d'honneur, devaient traverser le bâtiment et passer parfois devant nos collaborateurs qui s'empressaient de nous rapporter leurs allées et venues.

Dominique Strauss-Kahn fut de ceux-là ! Mais ce n'est pas le seul politique. Il suffit de consulter la liste des membres du gouvernement ou des principaux députés du PS ou de la société civile pour avoir une idée du casting des dîners de Bercy.

Sans compter les influenceurs, responsables religieux, philosophes, responsables d'ONG, politologues, écrivains. Est-ce utile que j'en fasse la liste ? La presse en a suffisamment parlé.

Je peux simplement relever que la plupart d'entre eux n'avaient pas grand-chose à voir avec les affaires économiques… Ils rendaient visite au futur candidat, et non au ministre dans le cadre de ses fonctions.

Je me demande, avec toutes ses rencontres, ses réunions privées, ses voyages escortés par les médias, comment Macron a trouvé le temps et les moyens pour être ministre de l'Économie, de l'Industrie et du Numérique. La tête dans le guidon pendant trois années, je n'ai pas eu une seconde. C'est vrai que je n'ambitionnais pas d'être président. Mais comment dire ? Quand vous vous battez chaque jour pour la réussite de votre gouvernement et que votre voisin de bureau passe son temps à construire son image présidentielle, à vous snober et à monter des plans pour vous ringardiser, vous vous réveillez un matin avec une sévère gueule de bois.

La préparation de la Marche présidentielle ne se faisait pas qu'à l'appartement privé. Tous les espaces du

7e étage de Bercy, qui regroupent les salles de réunion et de réception du ministère, étaient mis à contribution simultanément. Une stratégie qui permettait à Brigitte et Emmanuel Macron de prendre l'apéritif dans une réception au ministère, de débuter un premier dîner plus officiel avec d'autres convives au 7e étage, puis d'en poursuivre un second à l'appartement ! Un double-dîner, en somme.

Il fallait un solide estomac, ou une belle habileté, pour prendre un premier plat dans les étages de Bercy et en attaquer un second avec une autre fournée d'invités dans le décor plus cosy du 6e niveau. Les convives pouvaient décider d'aller ensuite se montrer en ville pour prendre un dernier verre… et quelques photos.

Le tout, et c'est là le plus grand scandale, aux frais de la République !

Et j'ai pu noter une sérieuse accélération des invitations et des dîners, la seconde année de présence d'Emmanuel Macron à Bercy. Comme s'il lui avait fallu une année de tour de chauffe avant d'assumer pleinement le lancement de son mouvement politique. Pendant ce temps, nous – petits ministres socialistes étriqués et ringards – travaillions sans trop lever le nez aux affaires du pays. J'aurais dû davantage le lever, le nez… Et écouter ce que nous confiaient collaborateurs et personnels de Bercy.

En 2016, pendant les huit premiers mois, les crédits de l'année entière ont été consommés en frais de représentation ! Brigitte et Emmanuel Macron postulaient à devenir le couple présidentiel. Ils avaient bien sûr parfaitement le droit de rencontrer les vedettes du show-biz et tous les bobos parisiens ou provinciaux. Mais pas aux frais du ministère de l'Économie ! Avec le recul, le constat des chiffres peut laisser penser que les moyens de l'État ont servi les intérêts du futur président. C'est loin d'être la seule explication de sa réussite, mais elle compte.

Un cabinet pléthorique

Outre les réceptions, le futur président pouvait compter sur un cabinet pléthorique. En septembre 2014, pas moins de vingt-cinq jeunes cadres brillants – certains officiels, d'autres plus officieux dont les noms n'ont jamais été publiés au *Journal officiel* – ont constitué une belle équipe, autant au service du futur candidat que du ministre en exercice. L'effectif dépassait de très loin celui de mon cabinet qui en comptait une douzaine et celui de la majorité des ministres qui ne dépassait que rarement le plafond fixé à quinze…

À « la popote », surnom de la cantine réservée aux membres de cabinets, mes conseillers me disaient découvrir, effarés, tous les jours de nouveaux arrivants, les premiers soldats de l'équipe de campagne du futur candidat.

Après son accession à l'Élysée, Emmanuel Macron a limité drastiquement le nombre de membres des cabinets ministériels… mais pas celui du président de la

République. Présentée comme une vertueuse mesure d'économie, cette décision est sans doute une façon de lui éviter de subir un jour ce que François Hollande a connu : donner tous les moyens à une personne qui se prépare à le trahir.

Le départ d'Emmanuel Macron acté, son appartement de fonction devenu vacant m'a été attribué et nous avons donc été libérés des rongeurs ! Laurence et moi y avons trouvé des espaces exceptionnels, entretenus par des personnels dévoués qui étaient ravis de travailler moins pour gagner autant. Ce fut un cadre un peu excessif, trop chic pour notre famille, loin d'être habituée à être servie comme cela.

D'une façon générale, un ministre n'a guère de soucis matériels. Deux chauffeurs et deux officiers de sécurité se relaient chaque semaine. Une cheffe de cabinet organise tout : déplacements, agenda, bagages, horaires, discours, réunions, courriers, réceptions, repas, téléphone, messagerie, dossiers, presse… Un secrétariat particulier efficace est présent autant que de besoin. Enfin un cabinet prépare excellemment les dossiers et les discours. Cela peut paraître exagéré pour qui ne mesure pas le volume et la diversité des occupations du secrétaire d'État au Budget et la durée de ses journées de travail.

Mais cela lui permet de se consacrer à l'essentiel.

Se rend-on compte que, depuis mon bureau de Bercy, j'avais à connaître de la fiscalité des bateaux et du statut de leurs personnels partout dans le monde, du régime de TVA applicable à un produit tchèque vendu en

France par une plateforme domiciliée en Irlande, du traitement fiscal d'une plus-value réalisée après sept ans de détention de parts d'un fonds commun de placement pour la Corse, des règles des paris sportifs commercialisés par la Française des jeux, des conditions du crédit d'impôt transition énergétique (CITE) qui changent tous les ans, de la répartition des dotations de l'État entre les collectivités locales de métropole avec les régimes spécifiques des départements, régions et collectivités d'outre-mer, des conditions d'attribution des aides agricoles et des ennuis pour les récupérer auprès de l'Union européenne, du détail des lignes budgétaires de chaque ministère y compris celui de la Défense, des règles de gestion du patrimoine immobilier de l'État, des difficultés des réseaux des Douanes et de la Direction générale des finances publiques (DGFiP), sans oublier les conditions d'emprunt sur les marchés financiers et l'évolution du prix du pétrole et de l'énergie qui influe sur les dépenses…

Les trois années passées à Bercy ont été les années où j'ai le plus été pris en charge par mon entourage. Mais elles auront été aussi et de loin les années de ma vie où j'ai le plus travaillé. Les périodes d'une extrême densité comme celles des conférences budgétaires ou celles du débat parlementaire d'octobre à décembre en sont de parfaites illustrations. Tout mon temps a été consacré à l'exercice de ma fonction ministérielle… et à rien d'autre.

Cet investissement est rémunéré à hauteur de 7050 euros nets par mois. Ce revenu est entièrement imposable. Outre les impôts sur ces revenus, les ministres doivent payer comme tout le monde la taxe d'habitation sur leur logement de fonction parisien mis à leur disposition gratuitement. Ils disposent d'une voiture de fonction avec chauffeur et tous leurs déplacements sont pris en charge par le ministère.

À la fin de leur mission, ils bénéficient de trois mois de maintien de leur salaire – sous condition expresse de n'avoir aucun autre revenu, en particulier aucune indemnité d'élu. Contrairement à ce qui est régulièrement diffusé sur les réseaux sociaux, leur droit à la retraite est celui commun à tous. Une retraite leur est accordée à l'âge légal en vigueur pour chacun. En ce qui me concerne, mes trois années de ministre seront comptabilisées comme trois années de député, de la même manière que si j'avais achevé le mandat de député en cours. J'ai d'ailleurs cotisé au régime de retraite des députés sur la base de mon salaire de ministre pendant ces trois années.

À la boulangerie de Trieux, lorsque je raconte cette histoire, je sens bien que ça ne passe pas. S'ils sont ravis qu'un habitant de leur village soit ministre, les difficultés de leur vie quotidienne les rendent critiques, peut-être envieux de ce qu'ils imaginent d'un train de vie ministériel. Pour leur médecin, leur notaire, le gérant de leur supermarché, leur patron, les stars de cinéma ou du football, ils acceptent les différences, pour ne pas dire les excès. Mais quand il s'agit d'élus, ils considèrent que c'est leur argent. Ils n'ont pas tort.

Nous sommes salariés au service du public. Cahuzac et les affaires nous ont causé un lourd préjudice.

Réhabiliter la fonction élective, en exigeant des élus plus de transparence et de modération, est donc indispensable. Mais les élus ne seront crédibles que lorsqu'ils cesseront les combines, les alliances contre nature et privilégieront la fidélité à leurs engagements.

Après mon échec cuisant aux législatives, de tout bord on m'a dit : « Toi, au moins, tu as gardé ton étiquette au premier tour. Et, au second, tu as appelé à voter à gauche ! Tu ne t'es pas vendu pour garder un poste ! » Maigre consolation qui ne m'empêche pas d'être *out*. Dégagé mais lucide.

11

Caprices de ministres

Dans l'agenda du secrétaire d'État au Budget figurent des rendez-vous annuels extrêmement importants, autour des mois de mai ou juin : les conférences budgétaires, qui constituent l'une des étapes essentielles de la confection de la loi de finances. Elles permettent, au-delà des chiffres, de connaître de l'intérieur les politiques menées. Mais elles sont aussi, pour moi, l'occasion de mieux cerner la personnalité, le caractère et la stratégie de mes collègues ministres.

Le budget d'une année se prépare dès le début de l'année précédente et suit un processus de plusieurs mois. À partir de février-mars, les services administratifs de chacun des ministères échangent avec les services de la direction du Budget de Bercy, pour préparer la loi de finances de l'année suivante. Ils évaluent les résultats de l'année écoulée, quantifient autant que possible les besoins, soupèsent les effets des modifications possibles, intègrent l'impact des conditions macroéconomiques – inflation, croissance, taux d'intérêt, prix du pétrole... –, ligne par ligne, mission par mission...

Ce travail des administrations de Bercy et des ministères se prolonge ensuite entre les membres des cabinets ministériels, avec un regard plus politique. Contrairement aux idées reçues, les travaux budgétaires ne se limitent pas à discuter du montant des crédits et à construire des tableaux Excel avec comme seul objectif d'aboutir à un «pied de colonne» acceptable. Chaque chiffrage résulte de mesures nouvelles retenues ou écartées. Les collaborateurs des ministres savent que derrière chaque crédit on trouve les moyens des politiques conduites, des fonctionnaires au service des usagers, des projets d'investissement, des subventions… Ils en évaluent l'acceptabilité politique, la pertinence comme la faisabilité technique.

Tension maximale face aux ministres

Passé les travaux des administrations et des cabinets, c'est au tour des ministres de se saisir des dossiers lors des conférences budgétaires.

Chacune de ces conférences – au nombre d'une quinzaine – est systématiquement et minutieusement préparée entre mon cabinet et moi. J'imagine que chacun des ministres fait de même avant son grand oral. Michel Sapin est tenu au courant. Il me laisse le plus souvent opérer seul, mais sa présence peut se révéler utile face à quelques ministres particulièrement influents, ou pour des ministères à problèmes… Dans tous les cas, Michel Sapin intervient peu, afin de marquer la confiance qu'il me concède. Sa présence et ses acquiescements renforcent naturellement ma position.

Je décide d'organiser les discussions en trois temps : les crédits budgétaires, les effectifs et les mesures fiscales. L'ordre est variable et peut souvent être ajusté pour tenir compte des accords prévisibles et de la stratégie de négociation. Les travaux des cabinets entre eux permettent de s'entendre, avant la conférence, sur certaines lignes ou sur certaines mesures. Ces points-là font l'objet d'une validation rapide en début de séance.

Le cérémonial est rodé. Le bureau où je travaille possède une table rectangulaire, bien plus longue que large. Je m'installe sur la plus grande des longueurs, au milieu, face au ministre concerné. Nos collaborateurs complètent de part et d'autre la table, directeur de cabinet et conseillers budgétaires à côté de leur ministre. À un bout, quand il est là, un représentant de Matignon, sur le petit côté de la table. Les représentants de la direction du Budget se casent comme ils peuvent, parfois en second rideau. De l'eau, du thé et du café sont à disposition. Rien d'autre.

Dès ma nomination, très rapidement j'ai à tenir les conférences budgétaires dont j'ignore jusque-là tout ou presque. Chacun imagine la tension, le souci d'éviter les cris et les claquements de portes, la volonté de conclure aussi. Lorsque la conférence n'aboutit pas à un consensus, c'est à Matignon que s'arbitrent les différends. Or le Premier ministre souhaite avoir le moins possible de réunions d'arbitrage à tenir. Il a suffisamment à faire et, s'il devait décider de tout, à quoi serviraient les ministres de Bercy ?

La charge de travail qui m'échoit à cette période est considérable, et la tension qui règne est maximale.

Je me retrouve, moi, secrétaire d'État fraîchement nommé, venu de ma Lorraine ouvrière, face à des ministres expérimentés, parfois d'anciens Premiers ministres, des icônes de la vie publique, tous habitués à défendre leurs programmes, tous d'accord pour faire des économies… mais toujours sur les lignes budgétaires des autres, jamais sur les leurs.

J'étais un peu comme un ovni à Bercy… Issu de ma circonscription lointaine, rompu aux joutes souvent terre à terre entre élus locaux rugueux et directs, je me retrouvais dans un univers aussi impitoyable que subtil. Le langage, les codes, les non-dits, tout est pour moi une incroyable découverte. J'avais déjà été marqué par le décalage entre l'Assemblée nationale et le «terrain». J'avais vite appris, car d'autres députés me ressemblaient. Mais là, à un niveau encore plus élevé, il me fallait tout réapprendre.

L'intransigeant Bernard Cazeneuve

Ma toute première conférence budgétaire se tient avec le nouveau ministre de l'Intérieur, Bernard Cazeneuve, qui était à ma place à peine quelques semaines plus tôt. Je compte ainsi sur une certaine bienveillance de sa part. Rapporteur général du budget lorsqu'il était à Bercy, je le connais bien. J'apprécie son sens de l'humour, sa courtoisie, sa classe, sa précision, l'idée qu'il se fait du travail en commun, sa droiture et sa fidélité. C'est un ami. Pour toutes ces raisons, je m'attends à une première conférence budgétaire sereine.

À ma grande surprise, je me trouve en face d'un Bernard Cazeneuve plutôt froid. Il écoute à peine mes arguments. Rodé à l'exercice, il en connaît les pièges et les anticipe. Le ministre met en avant les risques sécuritaires, les réorganisations dans les préfectures qui permettront… « mais plus tard seulement » d'économiser des moyens. Et je le sens préoccupé par les dangers qu'il me prédit « concernant le terrorisme ». L'avenir lui donnera malheureusement raison.

S'il est dans son rôle, je suis dans le mien. Je tiens les cordons de la bourse et c'est l'argent des Français. Il veut beaucoup, j'accorde moins.

« Tu comprends, Christian, la droite a supprimé 10 000 postes dans la police et la gendarmerie. Les locaux et le matériel sont en piteux état, je crains de ne plus pouvoir assurer la sécurité des Français sans moyens supplémentaires.

— Bernard, tu connais mieux que quiconque l'ampleur des déficits et la nécessité de les réduire… »

Les désaccords sont tels que nous convenons de nous revoir une deuxième fois, quelques jours après, avant d'avoir recours éventuellement à l'arbitrage du Premier ministre… Devant la menace du terrorisme, je finis par accéder à presque toutes ses demandes. Je sais que le chef de gouvernement Manuel Valls – prédécesseur de Bernard Cazeneuve comme ministre de l'Intérieur –

donnera toujours raison à son successeur lors de l'arbitrage.

Bernard est resté mon ami, même si l'expérience m'a troublé. Savoir changer de masque dès qu'on entre dans le dur d'une négociation, c'est sans doute ce qui fait de lui un « bon » ministre.

Ces drôles de ministres

Les membres du gouvernement se succèdent, tous différents… Ces moments révèlent des caractères parfois surprenants et des images publiques loin des stéréotypes. Certains, comme Aurélie Filippetti, à la Culture, arrivent en colère, manifestement pour m'impressionner… D'autres, comme George Pau-Langevin, à l'Outre-mer, jouent au Calimero : « Christian, tu ne vas quand même pas me faire mal »… Très peu, comme Arnaud Montebourg à l'Économie, arrivent en fanfaron : « Christian, ne t'en fais pas, les chambres de commerce et d'industrie, on va s'en occuper… » Quant à Ségolène Royal, à l'Environnement, elle avait beaucoup apprécié d'être venue en navette fluviale… Enfin, il y en a qui me méprisent du style : « On va discuter, mais tout cela sera réglé au plus haut niveau. »

L'occasion m'est aussi donnée de mesurer le degré de connaissance des ministres sur leurs dossiers. Parfois, le directeur de cabinet et le conseiller budgétaire sont obligés de parler pour remédier aux faiblesses de leur patron… J'ai même vu Sylvia Pinel – alors au

Logement – passer son temps le nez dans son portable et se désintéresser de la réunion ! Mais, dans l'ensemble, ces conférences budgétaires se sont bien passées et j'ai de rares souvenirs de fâcheries.

Colérique Le Foll

Il y en eut malgré tout.

Dans les ministères, à l'Élysée, à Matignon et, en tout cas, à Bercy, le respect des horaires est crucial. J'y attache du prix, par respect pour les autres et parce que nos agendas s'entrecroisent et supportent mal les retards et les changements imprévus.

Au printemps 2015, la conférence budgétaire avec Stéphane Le Foll est programmée à 9 h 30. À 9 heures, mon directeur de cabinet vient me voir et me demande de façon urgente de regarder avec lui le dossier d'une société de HLM basée en Guyane. Cette affaire est examinée le jour même au tribunal de commerce de Cayenne. Ce dernier risque de prononcer sa liquidation judiciaire, entraînant chômage et report de chantiers dans une région déjà en grande souffrance. J'appelle aussitôt le préfet, nous prenons nos dispositions et je m'apprête alors à recevoir Stéphane Le Foll.

Stéphane est un homme sportif, à la carrure forte, dont la taille dépasse la mienne. Étant moi-même hors gabarit j'ai peu l'habitude d'avoir en face de moi des personnes qui m'obligent à lever mon regard ! Il sait manier l'humour, mais son visage carré et anguleux est à l'image des difficultés qu'il a connues comme ministre de l'Agriculture : crise des prix, événements climatiques, épidémies diverses, rien ne lui aura été épargné et le milieu agricole sait se faire entendre…

Lorsque je sors pour l'accueillir, il tourne en rond, maugréant : « Ouais, vous à Bercy, vous vous prenez pour les rois, vous nous faites poireauter, c'est scandaleux… ! » Je crois à une plaisanterie de sa part, car, en consultant l'heure, je vois qu'il est 9 h 35. Mais le ministre reprend de plus belle : « Ouais, vous vous prenez pour qui ? Si moi j'étais arrivé en retard… » Je présente alors mes excuses, lui confiant en aparté pourquoi j'ai cinq minutes de retard, demande sa compréhension…

Il finit par entrer en grognant dans le bureau et s'installe, bougon, à la table. Ambiance… Tous les collaborateurs regardent leurs godasses… ou le plafond. Je renouvelle mes excuses, il est 9 h 37… Au moment où je propose une boisson, Stéphane recommence : « Ouais, vous à Bercy… » La tension est à son comble, tous les yeux sont baissés. Je repose la cafetière et déclare : « Bon, la réunion est terminée, tout le monde peut partir ! » Personne ne bouge et Stéphane Le Foll feint de s'étonner :

« Pourquoi, qu'est-ce qui se passe ?

— Dis, Stéphane, j'ai sept minutes de retard, je te dis pourquoi, je m'en excuse trois fois, et tu continues à te trouver insulté… Je ne peux tenir une réunion budgétaire dans des conditions pareilles et tu peux t'en aller... Salut !

— Salut ! »

Le bureau se vide, il doit être 9 h 45. Sans doute la plus brève conférence budgétaire de l'histoire !

J'avertis Manuel Valls par un SMS :

« Retenu par une affaire urgente, j'ai reçu Stéphane avec sept minutes de retard. Malgré mes excuses répétées, il a eu devant nos conseillers une attitude peu propice au travail serein. J'ai immédiatement mis fin à notre réunion. » Sa réponse est aussi immédiate que brève : « T'inquiète pas ! »

Au Conseil des ministres suivant, Stéphane me salue comme si de rien n'était. Nos cabinets conviennent immédiatement d'une nouvelle date. Cette fois, la rencontre se tiendra, à l'heure, et aboutira à un accord. Le Premier ministre a dû passer par là...

La déprime des ministres

Ces conférences budgétaires sont souvent pour les ministres de vrais moments de déprime. Et pour moi peut-être encore plus. Mon préambule rappelle toujours les conditions générales : « Le président et le Premier ministre ont fixé un objectif de déficit global intangible. Cela passe forcément par des mesures d'économies auxquelles chacun doit participer… »

Cela m'amène nécessairement à évoquer des mesures que des femmes et des hommes de gauche rechignent à porter. Nous avons été élus sur un projet social, avons des valeurs fondées sur le partage et la solidarité. Réduire des prestations, voire les supprimer, pour faire des économies, ou comprimer les moyens des services publics, reste un exercice particulièrement pénible.

En mai 2014, je termine une journée difficile par ma conférence budgétaire avec Marisol Touraine, ministre des Affaires sociales et de la Santé… et réputée cassante. Ayant pu mesurer son caractère « affirmé » lorsque nous étions députés ensemble, je crains toujours sa colère froide. Je déteste les conflits, surtout avec mes amis politiques. Or, bonne surprise, le dialogue a toujours été de mise entre nous, et j'ai découvert en elle une réelle sensibilité et une attention qu'on ne lui reconnaît pas. Nos relations ont été exigeantes mais toujours constructives, respectueuses et amicales.

Marisol Touraine est pour moi un élément clef des conférences budgétaires, car le budget de la Sécurité sociale pèse deux fois plus lourd dans les comptes publics que l'ensemble du budget de l'État. De plus, ensemble, nous avons autorité sur la direction de la Sécurité sociale et je présente avec elle les budgets sociaux dans le projet de loi de financement de la Sécu. Nous nous partageons alors le travail : les recettes pour moi, les dépenses pour elle.

Marisol vient ici défendre le budget de son ministère, moins conséquent que celui de la Sécurité sociale, mais très sensible. C'est là que sont financées par exemple la prime d'activité et l'allocation aux adultes handicapés. Après mon rappel de l'objectif contraignant fixé par les plus hautes autorités de l'État, Marisol me confirme tranquillement son accord avec celui-ci – ce n'est pas le cas de tous les ministres… – et sa volonté d'y concourir. Nous nous efforçons ensemble de traquer les millions à économiser pour arriver à nos fins.

Et sur les dépenses sociales, c'est un vrai crève-cœur. Derrière les crédits, nous savons qu'il y a des malades, des personnes âgées, des familles très pauvres, des personnes atteintes de handicap, des foyers monoparentaux… J'ai en tête Charly et mon mauvais conte de Noël[1]. Nous connaissons les tensions à l'hôpital, dans les crèches, dans les EHPAD – établissements d'hébergement pour personnes âgées dépendantes – ou sur les territoires désertifiés.

En cette fin de journée pluvieuse, nous rognons dix millions ici, trente millions là, puis nous renonçons à

1. Voir le chapitre « Charly et Mandela », p. 59.

telle ou telle amélioration pourtant si attendue. Et nous arrivons à notre objectif, contents d'y être parvenus, mais dépités d'en connaître le prix. Je rentre alors tard chez moi et rejoins mon épouse. Laurence me connaît mieux que quiconque et me demande ce qui ne va pas.

«Je fais un sale boulot... Sans argent, pour ne pas creuser la dette, nous devons prendre des décisions contre nos envies, et allons décevoir les espoirs placés en nous. Les gens ne se réjouiront pas des réductions du déficit, mais se souviendront des efforts que nous leur avons imposés...»

L'égoïsme d'Aurélie Filippetti

La courte nuit passée, en fin de matinée je me retrouve en face d'Aurélie Filippetti pour l'exercice habituel. La rencontre se tient exceptionnellement au dernier étage de Bercy, car le nombre de conseillers est important et excède la capacité d'accueil de la table d'acajou de mon bureau. Le ministère de la Culture dispose d'un budget de l'ordre de huit milliards. Environ quatre milliards pour l'audiovisuel public et autant pour la partie culture proprement dite.

Je compte demander un effort de l'ordre de deux cents millions, essentiellement sur l'audiovisuel public, qui peine à produire des économies malgré les fusions des chaînes de télévision, dont nous attendons – en vain – une réduction de la dépense. Bien des observateurs, beaucoup de rapports et quelques symboles médiatiques prouvent que les marges existent.

Aurélie a décidé de jouer la carte de l'offensive. Elle approuve le chiffre de deux cents millions, mais exige que le signe « moins » qui le précède se transforme en un joli « plus » ! Je me remémore la soirée de la veille, nos efforts avec Marisol sur les crédits de l'hôpital public, des maisons de retraite et des prestations sociales. Puis je pense aux salaires des stars de l'audiovisuel ou des producteurs d'émissions.

Connu pour mon flegme et mon caractère plutôt « nounours », j'explose ! Je rappelle à Aurélie qu'elle est fille de mineur de fer et issue de la même terre ouvrière que moi. Je décris ma réunion avec Marisol Touraine et mon blues de la veille. Je lui conseille d'oublier les dîners mondains et les paillettes et demande qu'avec nos équipes la copie soit entièrement revue. La réunion est reportée et se tiendra à nouveau quelques jours plus tard, même si nous savons elle et moi que l'arbitrage au moins du Premier ministre, sinon du président de la République, sera nécessaire.

Car, en effet, les ministres essaient régulièrement de contourner le secrétaire d'État au Budget. Plusieurs méthodes existent :

la première consiste à s'adresser en amont au président ou au Premier ministre. Copie de la lettre m'est adressée, souvent par l'auteur et toujours par le destinataire.

C'est habituel et sans effet majeur. C'est même souvent contre-productif, car cela dévoile trop tôt la stratégie du ministre récalcitrant et irrite en haut lieu ;

plus pervers est d'utiliser les médias. Le ministre organise alors des fuites auprès de la presse spécialisée. Les journalistes sont aussi prompts à dénoncer des dépenses publiques excessives qu'à fustiger Bercy qui veut « saigner » tel ou tel secteur par des mesures « iniques ». Parfois l'ampleur des réactions à des mesures à peine esquissées et encore moins décidées nous conduit à ne même plus les proposer. Le ministère de la Défense utilise beaucoup cette technique. Le plus souvent via le journal *La Tribune* ;

les ministres passent aussi régulièrement par les parlementaires. Députés ou sénateurs choisissent souvent – et c'est normal – de s'investir dans une commission, dans un groupe de travail, sur une thématique précise. Personne ne peut prétendre être spécialiste de tout, tant les sujets à traiter sont divers et particuliers. Ils sont alors invités par le ministre concerné à des dîners ou à l'accompagner dans ses déplacements. Les entreprises publiques – ou privées – impactées, voire les lobbies du secteur, ne sont pas en reste. Leur poids ou les menaces d'un vote négatif font le job même si le ministre s'en défend.

Le secrétaire d'État au Budget connaît bien les députés ou les sénateurs envoyés en mission au Parlement pour essayer de rattraper les arbitrages perdus par les ministres. Ils déposent et défendent des amendements « puisés à bonne source » : François Pupponi pour les quartiers et la Corse, Jean-Louis Dumont ou Daniel

Goldberg pour le secteur HLM, Régis Juanico pour le sport, Bernadette Laclais pour les *start-uppers*, Daniel Reiner pour la Défense au Sénat, Dominique Tian pour le Medef… et pour tout le monde, etc.

L'exception Le Drian

Il y a cependant un ministre, tel le village gaulois d'*Astérix et Obélix*, qui échappe à ces conférences budgétaires : Jean-Yves Le Drian, ministre de la Défense et très proche du président Hollande.

Entre 2014 et 2017, il n'y a pas eu de conférence budgétaire avec le ministre de la Défense. S'agissant du domaine réservé du président et parfois de sujets couverts par le secret-défense, les crédits militaires sont traités de façon particulière.

Pendant la période où j'ai été ministre, l'arbitrage a été rendu directement par l'Élysée. Il m'est arrivé de participer à des réunions très restreintes entre le président, le Premier ministre, Jean-Yves Le Drian, Michel Sapin et moi, y compris un dimanche soir. Parfois seul avec Jean-Yves et Michel, nous avons techniquement discuté à Bercy des décisions de l'Élysée.

Ces sujets ont pu également être abordés directement en Conseil de défense. Une manière subtile d'avancer ses pions… Cela a été notamment le cas lors de la révision de la loi de programmation militaire (LPM) en mai 2015.

Cet épisode de la révision de la LPM vaut son pesant d'or. Une loi de programmation donne une trajectoire des crédits et des effectifs sur plusieurs années. Ainsi, le ministère de la Défense peut prévoir, programmer, étaler ses politiques sur cinq ans. Pour autant, rien ne garantit que la loi de programmation soit suivie à la lettre. Tous les ans, le Parlement est libre de respecter ou pas la loi de programmation lorsqu'il vote les crédits. L'examen du passé prouve que les objectifs de la LPM ne sont la plupart du temps pas honorés ! Leur vote permet de communiquer et d'afficher des ambitions, mais leur « exécution » est une autre affaire…

De 2012 à 2014, François Hollande et Jean-Yves Le Drian ont pourtant veillé à ce que les engagements de la LPM soient tenus, à la différence du passé. Mais, en 2015, la situation internationale comme le risque terroriste justifient d'une augmentation durable des moyens, et de revenir sur les suppressions d'emplois envisagés afin, entre autres, de pouvoir engager des militaires dans le plan Sentinelle.

Les services travaillent donc, les cabinets aussi, et au printemps 2015 Michel Sapin et moi allons un lundi à l'Élysée, en fin de matinée, rejoindre le président, le Premier ministre et Jean-Yves Le Drian pour finaliser le projet de loi. L'entretien a lieu, c'est inhabituel, dans le bureau présidentiel. La discussion est difficile et les arbitrages tardent. Bercy ne lâche rien, la Défense exige tout…

Un exemple : le ministère de la Défense est un gigantesque consommateur de produits pétroliers et d'énergie en général. Les avions, les bateaux, les blindés, les véhicules de toute sorte, les millions de mètres carrés à chauffer, sont autant de raisons pour ce ministère de consommer du carburant.

Pourtant, à cette époque, la baisse historique des prix de l'énergie génère des centaines de millions d'euros d'économies. Mais la Défense ne veut pas le reconnaître. Jean-Yves Le Drian préfère mettre en avant d'autres charges, tergiverse… et obtient souvent gain de cause.

Durant cette réunion qui n'en finit pas, un huissier entre et indique au président que Laurent Fabius souhaite lui parler en urgence. Le ministre des Affaires étrangères nous rejoint, échange à l'écart avec le président pendant une dizaine de minutes. Lorsqu'il repart, il est plus de 13 heures et rien n'est achevé…

Le président propose alors de terminer en déjeunant ensemble. Des SMS préviennent nos cabinets respectifs qui ajustent nos agendas. Le déjeuner réduit un peu les écarts, et le président arrête enfin ses choix alors qu'on nous sert le café.

Michel et moi reprenons ensemble la navette fluviale pour Bercy et faisons le point. Bilan, nous perdons un milliard environ. Nous nous attendions à plus. Nos équipes sont briefées dès notre retour, et les documents préparés en conséquence pour être présentés au Conseil de défense programmé dès mercredi, juste avant le Conseil des ministres.

Les Conseils de défense réunissent autour du président et du Premier ministre un nombre restreint de membres du gouvernement. En fonction de l'ordre du jour, ceux de la Défense, de l'Intérieur, des Affaires étrangères, de la Justice… ou de Bercy. Ces réunions mettent au point les décisions du président en matière de déploiement de nos forces armées ou de sécurité intérieure. Elles ont pris encore plus d'importance depuis les événements liés au terrorisme.

Des questions relatives aux moyens humains et financiers peuvent y être abordées. Michel Sapin et moi sommes alors invités à participer à tout ou partie du Conseil. Les sujets sont bien sûr d'une confidentialité extrême.

À ces conseils participent également les militaires commandant nos armées et quelques très hauts fonctionnaires, dont les missions touchent à la sécurité ou au renseignement. Devant eux, les ministres ne peuvent faire état de divergences qui conduiraient le président à trancher sur-le-champ en donnant raison à l'un plutôt qu'à l'autre. Le pouvoir politique doit se montrer solidaire devant les forces militaires.

C'est pourquoi ce Conseil de défense d'avril 2015 avait été soigneusement préparé le lundi précédent autour du président. La réunion n'avait plus, en principe, qu'à valider ses arbitrages.

Le Conseil de défense se tenant à 9 heures, Michel Sapin et moi arrivons vers 8 h 50 au premier étage de l'Élysée. La plupart des participants sont déjà là, la ponctualité y est une règle intangible. Nous saluons la galaxie de militaires étoilés présents en échangeant quelques mondanités, lorsqu'un huissier s'approche et nous glisse discrètement – à Michel Sapin et moi – que le président souhaite nous parler avant la réunion.

Introduits dans son bureau, nous y retrouvons Manuel Valls et Jean-Yves Le Drian déjà installés autour de la petite table de travail comme deux jours plus tôt. Jean-Yves a le sourire, Manuel Valls est plus crispé et le président un peu fermé. C'est lui qui parle :

« Bon… Le Conseil de défense va être informé dans quelques minutes des choix de révision de la LPM. Depuis nos travaux de ce lundi, il y a eu beaucoup d'interventions, de menaces de démission… Encore pendant cette nuit… L'armée est au bord de la rupture, j'ai donc décidé, outre le milliard déjà acté, d'y ajouter 1,5 milliard ! Michel et Christian doivent le comprendre. Une crise entre le gouvernement et l'armée en ce moment de tension internationale et terroriste est à éviter absolument. La sécurité prime sur le reste… »

Toute discussion serait vaine et nous prenons acte. Je mesure immédiatement le poids de cette décision pour la construction de nos prochaines lois de finances. Nous rejoignons les autres participants dans le salon voisin et la messe sera vite dite…

Le chef d'état-major des armées (CEMA), Pierre de Villiers, lui, ne sourira pas. Sauf peut-être intérieurement.

Il pourra remettre dans sa poche, au moins pour un temps, sa lettre de démission. Ce sera pour plus tard, avec un autre président[1].

1. Le 19 juillet 2017, Pierre de Villiers démissionne de son poste de CEMA, à la suite d'une crise de confiance avec le président Emmanuel Macron ; comme il le raconte dans son livre *Servir* (Fayard, 2017).

12

Le bal des hypocrites

« Christian, la salle des fêtes doit être agrandie dans ma commune. Tu n'aurais pas un peu de subvention à nous donner ?

— Mais le préfet a une enveloppe pour ça, envoie-lui ton dossier !

— Je l'ai fait, mais il dit que tout a déjà été pris pour la future métropole, alors qu'eux, ils en ont des impôts qui rentrent ! »

Ce type d'échanges, je l'ai eu de nombreuses fois lors de mes fréquents retours en Lorraine.

Maire durant vingt-sept ans, conseiller régional douze ans, j'ai donc quelques raisons de m'intéresser aux collectivités locales. Mais la première raison de cette attention est plus terre à terre : les comptes publics dont je m'occupe comme secrétaire d'État au Budget incluent ceux des collectivités locales. Le respect des objectifs de déficit dépend donc du comportement de celles-ci, même si c'est dans une moindre proportion que le budget de l'État ou que les budgets sociaux.

Le scandale des dotations

On répète à l'envi que les collectivités locales ne sont pas autorisées à générer du déficit. C'est vrai, mais seulement pour leurs budgets de fonctionnement. En investissement, l'équilibre se fait souvent par l'emprunt, et ce besoin de financement est bel et bien comptabilisé dans le déficit public.

Pour des raisons diverses issues de l'histoire, l'État transfère aux collectivités une soixantaine de milliards d'euros par an. Ces fameuses « dotations » font régulièrement l'objet d'âpres débats entre l'État qui les verse et les collectivités locales qui les encaissent. Les gouvernements auxquels j'ai appartenu les ont réduites. Je ne le regrette pas, c'était nécessaire. Mais l'essentiel est peut-être ailleurs, et nous sommes malheureusement passés largement à côté.

Concernant les relations entre les collectivités locales et l'État, il faut remettre les choses à plat.

Les communes, les intercommunalités, les départements et les régions doivent déposer leur trésorerie auprès de l'État. Leur comptabilité est tenue par les agents publics du ministère des Finances, qui paient les dépenses et recouvrent les recettes. Tous les mois, un état consolidé de la situation financière globale de toutes les collectivités est établi par les services, sous la forme d'un fichier baptisé « SPOCC » – pour situation périodique des opérations comptables des collectivités. Ministre, j'en prends connaissance régulièrement.

Il permet les comparaisons d'une année sur l'autre. C'est une mine d'or pour un ancien prof de maths, comme moi, qui aime les données chiffrées.

Il faut d'abord savoir que le milieu des collectivités locales est d'une hétérogénéité extraordinaire : il n'y a rien de commun entre la situation des départements et des intercommunalités, pas plus qu'entre celle des régions et des communes. Les écarts à l'intérieur d'une même catégorie sont énormes. Paris est forcément atypique. Comparer Toulouse à Denain, ou une commune de Guyane avec une commune de même taille dans les Alpes-Maritimes, ou encore une commune de la Creuse avec une commune des Hauts-de-Seine, c'est évidemment impossible.

Il est essentiel aussi de constater que les dotations de l'État aux collectivités locales ne représentent qu'une partie de leurs recettes. En moyenne 25 %. Là encore, les disparités sont très grandes. Les recettes fiscales des collectivités varient d'une collectivité à l'autre, en fonction du nombre et de la valeur des biens immobiliers qui constituent l'assiette de la plupart des impôts locaux – taxe d'habitation, taxe foncière, cotisation foncière des entreprises… À Paris, il peut y avoir cinquante taxes d'habitation encaissées sur un seul are de terrain. Dans certaines communes rurales, il y a souvent moins d'une taxe d'habitation sur cinquante ares de terre ! Ainsi, la dépendance des finances locales aux dotations de l'État n'est pas du tout la même suivant la typologie des collectivités.

Même si les dotations de l'État ont régulièrement baissé durant le quinquennat, les recettes globales des collectivités n'ont pas diminué. Au contraire, elles ont, en moyenne, continué à progresser. Bien sûr, avec d'énormes différences : la plupart du temps, les communes pauvres – pour lesquelles les dotations constituent une part importante des recettes – ont le plus souffert. De même pour les secteurs où la population stagne ou baisse – pour une grosse part, les dotations sont fonction du nombre d'habitants. En revanche, le dynamisme des recettes fiscales dans certains territoires a plus que compensé la baisse des dotations !

L'essentiel, ce n'est donc pas le volume global des dotations, mais leur répartition. Tous ceux qui se sont penchés sur ces sujets complexes sont arrivés à la même conclusion : la répartition des dotations, et notamment la principale d'entre elles, la dotation globale de fonctionnement (DGF), est incompréhensible car elle est issue de réformes anciennes et nombreuses. Elle est injuste car elle ne fait pas de péréquation entre riches et pauvres. Pour un habitant, en 2015, l'État versait 447 euros à Paris, 232 à Guéret, 358 à Troyes – dont François Baroin, qui préside l'Association des maires de France, est le maire –, 79 euros à la petite commune meurthe-et-mosellane de Sancy qui compte 360 habitants et… 2 182 euros à Val-d'Isère !!!

La répartition des dotations avait fait l'objet de travaux importants au sein du gouvernement et du Parlement, pour essayer de donner plus de transparence, de simplicité et surtout d'équité. Ainsi, pendant une grande partie de l'année 2015, j'ai préparé une réforme de la DGF. Je l'ai fait avec deux alliées de poids : Marylise Lebranchu, la ministre chargée des collectivités locales, et Christine Pires Beaune, députée du Puy-de-Dôme, membre de la commission des finances particulièrement active sur ce sujet.

Nous obtenions régulièrement du Premier ministre Manuel Valls le feu vert pour travailler sur un possible article de la loi de finances pour 2016. Je me souviens de son déplacement à Poitiers début juin 2015. Marylise Lebranchu et moi l'accompagnions pour rencontrer près de trois cents élus socialistes venus écouter et interroger le Premier ministre, en marge du congrès du PS. Nous savions que la baisse des dotations serait au centre des questions attendues. Dans l'avion, connaissant ses hésitations, Marylise et moi lui avons posé la question : « Peut-on parler de la réforme de la DGF sur laquelle nous travaillons ? » Sa réponse est claire : « On peut dire qu'on y travaille. » La suite ira, dans un premier temps, au-delà de nos espérances.

Manuel Valls prononce son discours du haut de la scène devant un amphithéâtre rempli d'élus de gauche certes, mais moyennement chaleureux. Il aborde sobrement la question des dotations. Marylise et moi sommes assis au premier rang de la salle. L'une des premières questions du public met les pieds dans le plat et évoque la DGF. À ma grande surprise, le Premier ministre reprend les arguments que nous avions évoqués au cours du trajet. Mieux même, il poursuit : « Christian

Eckert, ici présent, va vous expliquer notre projet de réforme pour mettre fin à l'opacité et à l'injustice de la répartition de la DGF. » On me tend un micro, je me lève, expose les principes qui nous animent : une dotation de base identique par habitant et une part pour tenir compte des charges de centralité, toujours difficiles à cerner mais dont personne ne nie la nécessité. Je sens que les choses passent plutôt bien devant ce public averti, de gauche, qui guette les signes de solidarité. C'est Marylise, la ministre, plutôt que moi, simple secrétaire d'État, qui aurait dû être mise en avant. Mais Marylise est une collègue solidaire, et fait fi du protocole. Elle et moi nous réjouissons d'avoir fait publiquement parler le Premier ministre en faveur d'une réforme majeure que nous appelons de nos vœux mais qui rencontre des résistances.

Face aux rentiers

Ces résistances, nous les connaissons bien. Elles viennent la plupart du temps de ceux qui profitent du système. Je les appelle les « rentiers ». Ce sont essentiellement les élus des grandes villes. Si progressivement des mécanismes bienvenus de péréquation ont été instaurés, d'autres dispositions, très favorables aux métropoles, ont parallèlement été introduites. Gérard Collomb au Sénat a même tenté – en vain – d'obtenir des dotations majorées pour la métropole lyonnaise déjà bien soignée, dont il était maire avant de devenir ministre de l'Intérieur sous l'ère Macron.

Mais arroser davantage les métropoles imposait, à enveloppe globale constante, d'assécher encore plus les territoires ruraux. Ce à quoi, fort heureusement, j'ai réussi à faire échec, avec l'aide des parlementaires concernés, attentifs et mobilisés.

Sur cette réforme de la DGF, Marylise veut aboutir. Elle a constitué un groupe de travail d'une quinzaine de personnes composé de sénateurs, de députés et de maires, tous issus de la majorité de gauche, influents dans les réseaux d'élus. Elle les réunit périodiquement, à son ministère, pour convaincre, apporter des simulations, tenir compte des remarques. Je suis toujours invité et souvent présent. Les partisans du *statu quo* dont ils profitent sont les plus nombreux. C'est le but ! Convaincre les autres, gagnants à la réforme, sera facile.

Fin septembre, le projet de loi de finances est déposé. Il inclut la réforme de la DGF des communes et des intercommunalités. Mais nous continuons néanmoins à nous concerter pour peaufiner le texte en vue d'ajustements probables lors de la discussion parlementaire. Mi-octobre, le débat sur le projet de loi approche.

Le bal des faux-culs socialistes

Nous tenons, à l'heure du déjeuner au ministère de la Décentralisation, de la Fonction publique et de la Réforme de l'État, dirigé par Marylise Lebranchu, l'une des dernières réunions avec ce groupe de travail. Marylise décrit durant un bon quart d'heure les détails arrêtés, distribue de nouvelles simulations, puis me propose d'intervenir après elle. Je décline, préférant me réserver pour répondre aux intervenants qui vont se succéder.

Le bal des faux-culs bat alors son plein : les riches ne veulent pas s'appauvrir, ceux qui sont dans la moyenne en voudraient beaucoup plus et les Franciliens, pourtant gâtés, ne parlent que de leurs charges et ne veulent rien partager. Venant de socialistes, censés prôner la solidarité et la péréquation, je n'en crois pas mes oreilles !

Au cours de ma vie publique, j'ai – presque – toujours fait preuve de patience et de compréhension. Les rares fois où j'ai claqué la porte se comptent sur les doigts d'une seule main. Après avoir subi plus d'une heure de complaintes et de lamentations, je demande la parole et commence à répondre. Trente secondes à peine plus tard, Olivier Dussopt – encore député PS et maire d'Annonay, avant de devenir secrétaire d'État d'Emmanuel Macron… – m'interrompt :

« Ça va ! On n'est pas là pour ça ! »

La rage me prend, je range mes dossiers dans le sac d'école qui ne me quitte jamais, me lève, et leur lâche :

« Je croyais avoir en face de moi des socialistes ! Comme disait ma grand-mère, à force de vous regarder le nombril, les yeux vous pourriront ! Si je ne peux pas en placer une, je vous laisse entre vous ! »

Le malaise est palpable. J'ignore les tentatives de Marylise Lebranchu pour me retenir et les laisse grignoter seuls les mini-sandwichs qui décorent la table, en me défoulant sur la porte qui claque bruyamment.

Le coup de grâce de Manuel Valls

Mais le pire est à venir, quelques jours plus tard. C'est un mardi de début novembre et le Premier ministre a prévu de venir à la réunion du groupe des députés socialistes à l'Assemblée, à 11 heures. Auparavant, il convoque à 9 heures une réunion à Matignon avec comme seul point à l'ordre du jour la réforme de la DGF. L'examen du texte est prévu dans quelques jours.

Outre Marylise Lebranchu, son secrétaire d'État André Vallini et moi, des députés, des maires de grandes villes, les deux rapporteurs généraux du budget des deux assemblées, les présidents des deux groupes parlementaires, rien que des socialistes ou des membres de la majorité… Le constat de l'obsolescence de la DGF est partagé et la parole navigue autour de la table entre les viennoiseries habituelles à cette heure. Ne connaissant pas plus que nous le fond de la pensée du Premier ministre, les intervenants restent mesurés.

Mais Olivier Dussopt – encore lui ! – et quelques autres ne cachent pas leur opposition. La réunion prend fin dans l'expectative, aucune position n'est arrêtée, et tout le monde rejoint l'Assemblée. Marylise et moi ne sommes pas plus inquiets que ça. Après tout, le Premier ministre ne nous a pas contredits.

Pas encore ! Car devant le groupe des députés socialistes, au milieu de son discours consacré à la loi de finances, Manuel Valls annonce que l'article 58 consacré à cette réforme sera repoussé d'un an, en 2017. Je comprendrai qu'il s'agit là d'un enterrement de première classe. Repousser à la veille de la présidentielle une réforme aussi sensible revient en fait, sans le dire, à y renoncer. Un scandale.

Marylise signe souvent ses SMS par une formule sympathique dont nous avons pris l'habitude tous les deux : « Ta copine. » Pour le coup, ma copine est blême, comme moi : c'est dur d'apprendre que le travail d'un an conduit par nos équipes est démoli sans avoir été prévenu, en direct-live devant nos amis députés socialistes. La gorge nouée, elle me demande : « Il t'avait prévenu au moins ? » Pas plus qu'elle… Sur la forme, même si la susceptibilité des ministres n'est pas l'essentiel, Manuel Valls a été pour le moins incorrect. Sur le fond, il a manqué de courage. Céder aux « rentiers », au détriment de l'équité et de l'aménagement du territoire, a été une faute lourde incomprise des nombreux élus locaux socialistes ou proches de lui.

La presse se régale, Olivier Dussopt fanfaronne. Christine Pires Beaune, une députée de « terrain » qui travaille et qui s'est pleinement investie sur le sujet, fait une déclaration aussi dépitée qu'ironique : « Nous avons le regret de vous faire part du décès après une longue et douloureuse maladie de la réforme de la DGF. »

Les « rentiers » peuvent dormir tranquilles.

Les coups de gueule d'Hidalgo et d'Aubry

Une répartition plus juste et mieux mutualisée des ressources budgétaires est aujourd'hui plus qu'hier une nécessité. Les déplacements de nos populations vers les centres urbains ou leurs périphéries se poursuivent. L'opacité de la répartition des dotations de l'État vers les territoires masque difficilement les incontestables faveurs faites aux métropoles et l'abandon des secteurs ruraux.

Dans mon bureau à Bercy se sont succédé par exemple les maires de Paris et de Lille. Les deux n'en sont pas sorties radieuses, comprenant ma détermination à respecter la solidarité ville-campagne.

Anne Hidalgo se plaint de devoir abandonner une part de la dotation pour Paris au profit des collectivités aux ressources plus modestes. Je lui fais remarquer la modération des impôts locaux parisiens, comparés aux ratios habituels. La maire de Paris me menace alors de publier un communiqué à la sortie en affirmant que «le ministre du Budget lui conseille d'augmenter les impôts locaux» !

Elle n'est toutefois pas rentrée bredouille et a obtenu un avantage certain : la ville a été autorisée à comptabiliser immédiatement et en bloc les recettes afférentes à des baux à long terme versées au fil de l'eau. De quoi lui donner un vrai bol d'air pur !

Martine Aubry intervient sur le même registre. Elle commence sur le ton ferme et exigeant qu'on lui connaît. Son propos est très général, assez peu documenté. À ses côtés, son premier adjoint Pierre de Saintignon tente de recentrer le débat sur les aspects techniques, ce qui me donne l'occasion de leur livrer les derniers éléments que mon cabinet a évidemment préparés finement.

Martine Aubry doit reconnaître que la ville de Lille, même avec une DGF quelque peu rabotée, bénéficie pleinement des crédits de l'État destinés à la politique de la ville. N'ayant observé que la baisse de sa DGF, elle n'a curieusement pas remarqué l'augmentation de la dotation de solidarité urbaine (DSU) promise à sa ville. Les élus ont toujours tendance à pointer la baisse de certains crédits, en oubliant de noter l'augmentation d'autres lignes.

Le double discours de Baroin

Paris et Lille ne sont pas les seuls à être venus tenter leur chance : au Sénat, j'ai subi la pression de Gérard

Collomb voulant favoriser Lyon. J'ai vu comment Patrick Devedjian a réussi à obtenir tout ce qu'il a voulu sur la gestion du quartier de la Défense, en particulier pour en récupérer les parkings, belle machine à cash.

J'ai surtout entendu François Baroin, le maire de Troyes, parler depuis la tribune des petites communes en détresse, des trémolos dans sa voix suave. « Et en même temps », je l'ai vu en coulisses freiner des quatre fers contre un partage plus juste des dotations ! Quand on veut rester président de l'Association des maires de France (AMF) tout en servant les rentiers, il faut savoir manier le double discours…

François Baroin est décidément un garçon surprenant : au début du quinquennat de Nicolas Sarkozy, il restait très distant et critique, faisant preuve d'un humanisme de bon aloi. En mars 2010, il lui fait toutefois allégeance en rejoignant Bercy à la surprise générale. Aux dernières primaires de la droite, alors que sa sensibilité devrait le rapprocher de la droite modérée, il soutient encore le populisme de Sarkozy. Aujourd'hui, toujours maire de Troyes et président de l'AMF, il vient de rejoindre comme « conseiller extérieur » la banque Barclays. Une nouvelle catégorie de rentiers à servir… et un mélange des genres peu éthique.

Dans un tout autre registre, je connais aussi l'âpreté de François Pupponi, député de Sarcelles, à défendre les banlieues sensibles. Attention, donner plus aux quartiers en difficulté est juste. Ce fut le sens de ma politique. Mais dépasser certaines proportions n'est pas raisonnable !

Au bal des hypocrites, j'ai vu les couples se former pour gagner le concours de danse. Des alliances surprenantes se font et se défont : Valérie Pécresse, chez LR, qui s'allie avec Manuel Valls ; André Laignel, socialiste d'Issoudun, qui rejoint Philippe Laurent, le maire UDI de Sceaux… Dans ces alliances de circonstance, droite et gauche n'ont plus de sens. Seuls comptent les intérêts particuliers, l'intérêt général passe en second. Jean-Jacques Rousseau doit se retourner dans sa tombe.

La DGF a baissé pour faire contribuer les collectivités à l'amélioration des comptes publics. Mais elle n'est toujours pas réformée. Plus personne n'en parle. Les inégalités perdurent. La désertification progresse. Le Front national s'en régale, les rentiers peuvent souffler. Pour combien de temps encore ?

Christine Pires Beaune est l'une des rares députées socialistes à avoir été réélues en 2017. Gérard Collomb est devenu numéro trois du gouvernement Macron. Manuel Valls est redevenu député de base, il s'est laissé pousser la barbe.

Olivier Dussopt, lui, a été élu député socialiste. Puis il a rejoint dans la foulée le gouvernement en novembre 2017 pour devenir secrétaire d'État auprès du ministre de l'Action et des Comptes publics, Gérald Darmanin ! Au bal des faux-culs, on peut réaliser ses rêves de gamin.

13

Dossiers sensibles

« Dis-moi, Christian, pour mes impôts, j'ai un conseil à te demander…

— Un conseil, sans problème, mais rien d'autre ! »

Combien de fois un ami m'a-t-il interpellé ainsi. Il n'y eut pas que mes amis d'ailleurs. Je n'ai jamais refusé un conseil. Mais nombreux sont ceux qui en demandant un conseil attendent en fait un service ! Celles et ceux qui me connaissent savent que, sur ce point, je suis intransigeant.

Certes, le secrétaire d'État au Budget et le ministre des Finances exercent la tutelle de la Direction générale des finances publiques (DGFiP). Cette administration pilote les contrôles fiscaux. Elle connaît évidemment les dossiers sensibles de tous les contribuables, qu'il s'agisse d'entreprises ou de particuliers. Il ne faudrait pas en conclure que j'ai passé mes journées à éplucher les milliers de cas où le fisc contrôle, redresse ou absout les pauvres contribuables, triant entre les oublis, les erreurs ou les trucages volontaires de leurs déclarations. Au contraire.

Mon premier directeur de cabinet, Guillaume Robert, plus averti que moi de ces pratiques et soucieux de protéger « son » ministre, m'avait mis en garde. Toute ingérence du ministre dans un dossier individuel pourra se retourner contre lui. Demander à déclencher ou à interrompre un contrôle à l'administration, lui donner une instruction sur l'issue plus ou moins sévère d'une vérification, pourra à tout moment donner lieu à une tempête médiatique. La personnalité du contribuable, ses liens possibles avec le ministre, le président, un membre du gouvernement ou un parlementaire conduiraient nécessairement à interpréter toute intervention comme un cadeau à un ami, ou le croche-pied à un ennemi.

La circulaire de septembre 2014[1] que Michel Sapin et moi avons signée rappelle à l'administration que « les décisions sur les contrôles individuels et le déroulement des opérations relèvent de sa responsabilité ». Elle précise les seuls cas où la compétence des ministres est exclusive. C'est « le cas de certains recours hiérarchiques et des décisions de remises ou des transactions, lorsque les sommes faisant l'objet de la demande excèdent certains montants ». Dans ces cas précis, les ministres « ne statuent qu'une fois saisis d'un projet de décision motivé, préparé sous l'autorité du Directeur par les services ».

Pour autant, le ministre est régulièrement interrogé sur des situations individuelles à retentissement médiatique.

1. Voir également le chapitre « Le verrou de Bercy », p. 191.

Personne n'imagine qu'il soit le dernier à savoir qu'un personnage public ou une entreprise connue fasse l'objet d'investigations, voire de poursuites fiscales. Pourtant il m'est souvent arrivé d'apprendre par la presse des situations particulières dont je n'avais pas eu connaissance.

J'ai donc demandé à être renseigné dans deux cas : lorsque les sommes en jeu étaient exceptionnellement élevées ou lorsque le contribuable était une personne particulièrement connue. Périodiquement, l'administration me « remonte » une liste des contrôles en cours ou à venir, répondant à l'un de ces critères, avec quelques lignes donnant la nature du contrôle, les montants concernés, le niveau d'avancement de la procédure et les conséquences possibles. Cela peut toucher toute personne connue, artiste, journaliste, parlementaire, industriel ou bien entendu une entreprise.

Les pressions d'Amazon

Dans le même ordre d'idées, je reçois régulièrement l'état d'avancement des opérations concernant les multinationales, dont les GAFA – Google, Apple, Facebook, Amazon –, car je m'étais indigné de la longueur anormale de leur déroulement. La mauvaise volonté de certains pays et la lenteur de la justice lorsqu'elle est impliquée en sont les principales raisons, mais je veux être sûr que Bercy est irréprochable en la matière.

Les pressions viennent de partout. J'ai en mémoire le cas d'Amazon. Cette société fait l'objet d'un redressement fiscal important et s'en plaint à toute la République. Comme souvent, elle utilise le chantage à l'investissement et à l'emploi.

Plusieurs députés se sont adressés à moi sur le ton : « Christian, Amazon m'a contacté et projette d'installer une unité dans ma circonscription. Mais ils me disent qu'un contentieux fiscal avec ton administration les retient… Peux-tu regarder ça ? » Au vu du nombre de messages reçus des parlementaires plaidant pour cette société, je pense que la moitié du territoire national a dû faire l'objet d'un projet d'investissement !

Fin 2017, le gouvernement actuel et mon successeur ont annoncé leur intention de conclure des transactions pour ces situations. Amazon a même annoncé début 2018 avoir obtenu satisfaction auprès de l'administration fiscale pour mettre fin au litige. C'est un travers dans lequel j'ai toujours refusé de m'engager. Le risque de faveurs et de marchés occultes est bien trop grand. De plus, l'égalité face à l'impôt, principe constitutionnel majeur, vole en éclats avec ce type de comportement.

En trois années d'exercice, j'ai donc ressenti bien des frustrations en évitant de me faire communiquer systématiquement le détail des situations fiscales des affaires à enjeu médiatique. J'ai quand même eu à en connaître quelques-unes d'assez près. Mais je peux dire que, à une exception près, je n'ai jamais touché la pédale d'accélérateur ou la pédale de frein du moteur de Bercy. Ce n'est pas faute d'avoir été sollicité !

L'étrange comportement de Thierry Solère

À la mi-décembre 2017, Jean-Jacques Urvoas, l'ancien garde des Sceaux, a eu à se justifier d'informations qu'il aurait transmises, lors de l'entre-deux-tours de l'élection présidentielle, à Thierry Solère sur les poursuites engagées contre lui pour, entre autres, des raisons fiscales… Solère est alors un député Les Républicains (LR) que je connais peu, mais dont la notoriété est ascendante. Porte-parole de François Fillon au début de la campagne présidentielle, il est l'un des premiers à le lâcher à la suite de l'affaire Penelope. Il en profite pour continuer son reclassement politique en se rapprochant ouvertement d'Emmanuel Macron, dont il ambitionne de rallier le gouvernement[1].

Il fait partie de ceux qui m'avaient approché. Ce devait être en décembre 2016, après les questions au gouvernement. Il m'intercepte sur le parvis de l'hémicycle et me demande de lui accorder quelques minutes. L'échange est bref et me laisse mal à l'aise. Il me demande si je suis au courant de son affaire. Je le lui confirme. Son cas m'avait été sommairement décrit et il m'avait été rapporté que la Commission des infractions

1. En novembre 2017, il rejoint les rangs de LaREM après son exclusion de LR.

fiscales (CIF) avait estimé les faits suffisamment graves pour faire sauter le verrou de Bercy[1] et saisir la justice. Thierry Solère le sait et s'en offusque.

Il me parle de la surprise de son avocat de voir le dossier judiciarisé pour si peu, alors même qu'il prétend avoir payé ses dettes fiscales. Le site Mediapart en septembre 2016, puis *Le Canard enchaîné* ont pourtant affirmé que Thierry Solère faisait l'objet d'une enquête préliminaire pour fraude fiscale, ouverte le 6 septembre 2016 par le parquet de Nanterre. Thierry Solère n'aurait pas payé une partie de ses impôts. *Le Canard enchaîné* indique qu'il aurait mal déclaré ses revenus sur plusieurs années consécutives et aurait fait l'objet d'une procédure de rectification avec application de la majoration de 40 % – correspondant à une absence de bonne foi du contribuable.

J'avais conservé un souvenir assez vague du cas Thierry Solère, mais les services m'avaient convaincu de la pertinence de leur action. Je l'exprime donc assez fermement à mon ancien collègue député et l'entretien s'arrête là. Lorsque, plus tard, j'entendrai des journalistes parler de lui comme futur ministre de Macron, je sourirai… sans y croire une seconde.

1. Le verrou de Bercy signifie que la justice ne peut déclencher de poursuites pénales pour fraude fiscale que sur la demande des ministères de Bercy. Voir le chapitre « Le verrou de Bercy », p. 191.

L'enveloppe de Balkany

D'autres aussi n'ont pas manqué d'air ! Et Patrick Balkany en fait partie. Les affaires Balkany sont comme *Les Feux de l'amour*. Elles se prolongent, rebondissent, et surtout n'en finissent jamais. On ne m'a pas particulièrement parlé de lui à Bercy, sauf pour une obscure affaire douanière qui a d'ailleurs fait « pschitt ». Mais il suffit de lire les revues de presse pour comprendre que le sujet pose des questions. Les étagères qui lui sont consacrées plient sous le poids des dossiers, à Bercy comme dans certaines juridictions.

À l'époque, il est toujours député de la Nation, même s'il semble peu assidu au travail, sinon pour rire et vilipender haut et fort ses adversaires pendant les questions au gouvernement. Un de mes amis, qui l'avait beaucoup fréquenté à titre professionnel il y a bien longtemps, avait achevé, par quelques confidences, de me convaincre si besoin du caractère abject du personnage.

Comme son collègue Thierry Solère, Patrick Balkany me capte à l'Assemblée et engage avec moi – c'est une première – la conversation. Il me tend une enveloppe portant mon nom et me demande de lire attentivement son contenu. Il me parle des saisies, dont ses biens font l'objet, et surtout de l'état dépressif de son épouse qui l'inquiète ; car elle ne supporte plus « tout cela »...

Prudent, je vérifie rapidement que l'enveloppe ne contient rien d'autre qu'un courrier, on ne sait jamais, et promets de lire, cela n'engage à rien... Le courrier est original, au moins dans la forme. Sans en-tête, écrit à la main, il porte néanmoins la signature du député ; y est attachée par un simple trombone sa carte de visite. Le courrier est un plaidoyer des Balkany, décrivant la souffrance familiale de subir une persécution injuste aussi politique que fiscale. Je regrette de ne pas avoir conservé ce document qui pourrait devenir « collector ». Je l'ai donné à mon directeur de cabinet avec la consigne bien sûr de ne pas y répondre. J'ignore ce qu'il est devenu.

Le trésor du coffre-fort

Dans un recoin de mon bureau, un immense coffre-fort est à ma disposition. Lors de ma prise de fonction, j'en ai examiné rapidement le contenu après en avoir changé la combinaison. J'y déniche quelques dossiers, la plupart du temps connus, concernant des affaires fiscales anciennes, que je parcours sans rien apprendre de bien nouveau. Sans intérêt. Je ne me servirai plus jamais de ce coffre-fort, et ne l'ouvrirai qu'une dernière fois, au moment de mon départ.

L'endroit est sombre, et je veux laisser l'endroit propre. Je tâtonne donc dans l'obscurité pour vérifier que tout est vide, lorsque ma main rencontre un objet tout au fond d'une étagère et rapporte un petit sac de toile de jute, façon boursette, fermé d'une simple ficelle.

Je vide le sac sur mon bureau : une trentaine de pièces d'or, de toute taille, brillent sous mes yeux. Il y a des napoléons, bien sûr, mais aussi des pièces suisses, ou provenant de pays du Moyen-Orient.

Je n'avais pas vu ce petit trésor à mon arrivée. Il n'y a aucune trace de sa provenance. S'agit-il là de la contrepartie pour service rendu par un de mes prédécesseurs ? Et si oui, lequel ?

Je ne le saurai jamais.

J'appelle alors ma cheffe de cabinet pour lui montrer ma trouvaille. Nous décidons de remettre le tout au service des domaines, avec un certificat en bonne et due forme expliquant sa provenance.

Le déficit de l'État aura donc mystérieusement été réduit de quelques dizaines de milliers d'euros. Mais il y a certainement un ministre du Budget qui a reçu un jour, sinon demandé, un cadeau discret d'origine douteuse !

La bonne affaire de la Société Générale

Je dois cependant reconnaître avoir fait une exception à la règle de non-ingérence que je m'étais fixée. Je n'en ai aucun regret et en éprouve même une certaine fierté.

Le 23 septembre 2016, la cour d'appel de Versailles rend son arrêt dans l'affaire opposant Jérôme Kerviel à la Société Générale. Tout cela est public, et trois points forment le jugement : la faute pénale de Jérôme Kerviel est acquise et définitive; la Société Générale a subi un préjudice certain de 4,915 milliards d'euros; et les fautes multiples commises par la banque ont eu un rôle majeur et déterminant dans le processus causal.

Ce dernier point retient particulièrement mon attention, car c'est une nouveauté par rapport aux jugements précédents. En conséquence, la cour réduit les réparations du préjudice à la Société Générale par Jérôme Kerviel à un million d'euros, mais là n'est pas l'essentiel sur le plan fiscal.

La Société Générale et les banques en général savent qu'il est inutile de chercher à m'approcher pour m'amadouer. Elles ont d'ailleurs suffisamment de relais à Bercy. Le nombre de fonctionnaires ayant pantouflé dans les banques est impressionnant et malsain, source de multiples conflits d'intérêts, au détriment de l'État.

Mais, conformément à mes principes, j'essaie de regarder les dossiers en examinant les faits et en évitant de céder à mes impulsions. J'ai eu cette approche avec la Société Générale.

On dit souvent que la perte nette et incontestée de 6,2 milliards d'euros subie par la banque en 2007 et 2008 a généré un crédit d'impôt au titre de l'impôt sur les sociétés d'environ deux milliards d'euros. Il n'y a pas, au sens propre, de crédit d'impôt. Il y a simplement l'enregistrement de la somme perdue dans l'opération comme une charge ordinaire qui vient réduire le bénéfice imposable. Les possibilités de reports en avant et en arrière des déficits ont eu l'effet apparent d'accorder un crédit d'impôt. En fait, le déficit ainsi créé a été déduit en partie des bénéfices antérieurs – de 2005 à 2007 –, a généré des remboursements sur des impôts déjà acquittés et peut s'imputer pour le solde sur les exercices suivants.

La loi et les jurisprudences sont complexes en la matière. Déduire cette perte est permis fiscalement, sauf s'il y a eu « un comportement ou une carence manifeste des dirigeants de la société dans l'organisation ou dans la mise en œuvre des dispositifs de contrôle qui serait à l'origine directe ou indirecte des détournements ».

Une note de six pages « remonte » donc le 27 octobre 2016 pour décrire précisément à Michel Sapin et à moi-même les différents risques. À l'extérieur, les commentaires vont bon train. À gauche, les frondeurs, notamment, concluent un peu vite que l'arrêt de la cour d'appel empêche de déduire les pertes subies par la Société Générale de son bénéfice fiscal. Les lobbies bancaires avancent d'autres arguments, insistent sur la certitude de la perte et nous poussent à ne rien faire.

Personnellement, je n'ai pas reçu et encore moins demandé de consigne à Matignon ou à l'Élysée. Je peux ne pas retourner la note, laissant l'administration décider seule, façon autruche. Je peux aussi l'annoter par un laconique « vu » façon « faux-cul », ce qui reviendra au même en protégeant l'administration si cela se passait mal, car elle pourra arguer que le ministre savait. Je peux enfin la renvoyer accompagnée d'une instruction écrite pour demander ou pas le remboursement de l'impôt. Ces documents, aussi confidentiels qu'ils soient, même au sein de Bercy, sont enregistrés et archivés avec les annotations en retour des ministres.

La note est, comme d'habitude, un modèle de « Bercy-langage ». Chaque mot y est pesé et les adverbes pullulent pour donner, en cas de besoin, plus ou moins de force aux arguments. Le conditionnel l'emporte largement sur le futur. Avec des expressions alambiquées, la note analyse les jurisprudences rares, complexes et évolutives et donne un point de vue équilibré…

Mon opinion est faite. Mais je ne peux, sur un dossier aussi lourd financièrement et politiquement, exprimer un autre avis que mon ministre de tutelle. Et je ne connais pas son avis. Souvent, des échanges entre nos directeurs de cabinet harmonisent les positions, et signalent les différends possibles et tranchés ensuite entre les ministres lors de leurs échanges rituels, d'ordinaire en ce qui nous concerne le mercredi matin tôt. Mais le directeur de cabinet de Michel Sapin ayant eu des fonctions à la Société Générale, il est systématiquement écarté de ce dossier[1].

Je dois donc confronter mon point de vue directement avec Michel Sapin, dont je redoute un avis différent du mien.

Le 3 novembre, nos chefs de cabinet respectifs nous prévoient un déjeuner en tête à tête, dans le bureau de Michel Sapin, autour des habituels mais

1. Par souci d'éviter un conflit d'intérêts, il doit se déporter.

très soignés plateaux-repas destinés aux personnalités de Bercy.

Je m'avance le premier…

« Michel, la note sur la Société Générale mérite une réponse de notre part.

— Bien sûr, Christian, il faut répondre, et tu en penses quoi ?

— Euh… la note est plutôt ouverte et je sais que le ministre des Finances est par nature soucieux de l'intérêt des grandes banques de la place, mais quand même… Qui comprendrait que nous ne déclenchions pas la procédure ? Plus d'un milliard pour un établissement qui n'est pas un modèle de vertu dans ses autocontrôles ! Je suis favorable à ce que l'on donne l'instruction à la Direction générale des finances publiques (DGFiP) de procéder au redressement. Mais c'est à discuter entre nous. C'est toi le ministre. Et sur un sujet pareil, on ne peut pas diverger ! »

Michel Sapin est toujours avec moi d'une grande gentillesse. Et là, il éclate de rire et se lâche :

« Christian, tu me rassures… Je craignais que tu sois d'un avis contraire et que tu donnes raison à la banque ! Mais tant mieux. On est du même avis. Même si la banque ira au contentieux, même si cela ira en appel, même si cela durera longtemps, nous nous devons de défendre les intérêts de l'État… »

Je suis rassuré, j'avais craint que les forces occultes de la finance ne se soient infiltrées jusqu'au cœur du pouvoir de Bercy. Pas cette fois en tout cas. Notre décision est réfléchie et prise sans pression. Le jour même, une instruction écrite est apposée page six de la note, et signée conjointement par les deux ministres. J'en ai évidemment emporté une copie à mon départ, au milieu de quelques autres documents sensibles. Il est demandé, entre autres, à la DGFiP « d'envisager une procédure de rectification contradictoire… et de nous tenir informés de la notification à venir dans le respect du droit ».

J'espère que la position commune des deux ministres de l'époque sera tenue, et que nous aurons un jour l'occasion de connaître l'issue finale de ce dossier qui pèse autour de deux milliards d'euros !

14

Secrets bancaires

Les Français qui dissimulent leurs avoirs à l'étranger sont nombreux. Par définition, il est toujours difficile de compter ce qui est caché : les avoirs ainsi enfouis avoisinent sans doute les cinquante milliards d'euros et ce sont probablement entre 50000 et 100000 citoyens qui se sont mis dans l'illégalité. Ils le font pour diverses raisons toutes condamnables. Certains souhaitent cacher de l'argent mal acquis – trafics en tout genre, fraude à la TVA, commissions occultes... D'autres – parfois les mêmes – le font pour éviter de payer l'impôt sur la fortune (ISF)[1], ou pour que les revenus de ces avoirs échappent à l'impôt; certains aussi pour que leurs héritiers échappent aux droits de succession.

Les banques participent activement à ces malversations. Certaines ont même des démarcheurs qui proposent les services *ad hoc* à leurs meilleurs clients. Elles les invitent à tour de bras au golf, au tennis, à l'opéra, et proposent des services clefs en main pour cacher des capitaux discrètement. Les banques étrangères viennent

1. Devenu, en janvier 2018, l'impôt sur la fortune immobilière (IFI).

recruter en France, mais certains établissements français ont aussi l'habitude de pousser leurs clients soigneusement sélectionnés vers leurs filiales installées dans des pays dont la culture du secret bancaire a fait leur prospérité. Suisse, Luxembourg, Singapour et autres sont le réceptacle préféré des valises apportées par les clients, ou même par des sherpas salariés des banques[1].

Grâce parfois aux enquêtes de nos agents, mais aussi très souvent grâce à des « lanceurs d'alerte » plus ou moins désintéressés, certaines affaires ont défrayé la chronique et heureusement réveillé les consciences d'une classe politique trop timorée sur ces sujets.

L'affaire UBS

L'affaire UBS en est un exemple édifiant. La justice est toujours saisie de ce dossier dont j'ai eu à connaître certains aspects.

Je me suis toujours demandé – et ça dure encore – comment le gendarme des banques, l'Autorité de contrôle prudentiel et de résolution (ACPR), pouvait ne pas sanctionner sévèrement les malversations de ce type… Ainsi, lorsque l'affaire UBS fut étalée au grand jour, j'étais rapporteur général de la commission des finances. Personne

1. Certains pays achètent et échangent des informations pour pister les fraudeurs. Cela n'était jusque-là pas possible légalement en France, mais Michel Sapin et moi avons décidé de le rendre possible à la fin du quinquennat.

ne pouvait m'opposer le secret fiscal, et j'entendais bien user de cette prérogative institutionnelle.

L'ACPR avait audité UBS fin 2010 à la suite de dénonciations. Je savais que des rapports avaient été rédigés fin 2011. Connaissant par mon épouse, ancienne auditrice de la Commission bancaire, les méandres des pratiques du contrôle, je savais qu'après le rapport, la Commission des sanctions pouvait être saisie. Surpris de ne pas en trouver trace, j'ai demandé à l'ACPR communication de ces rapports.

Je suis donc reçu par l'ACPR, le 23 avril 2013. Le directeur m'explique qu'il n'est pas sûr d'être légalement tenu de me communiquer les rapports dont une copie est posée devant lui. Il me confirme que la Commission des sanctions est bien saisie et statuera dans les deux mois. Il me dit craindre que les dirigeants d'UBS et leurs avocats utilisent la divulgation du rapport, même à un député accrédité, comme un vice de forme ou une pression sur la Commission des sanctions censée être indépendante. Rassuré que la procédure ne soit pas enterrée, je renonce donc à les emporter et décide d'attendre sagement la décision de cette Commission.

Fin juin 2013, elle inflige une sanction administrative de dix millions d'euros à UBS France pour « laxisme dans le contrôle des pratiques commerciales, susceptibles de relever du blanchiment de fraude fiscale ». Une goutte d'eau pour un tel organisme… Mais un petit pas inédit dans ce milieu. Par ailleurs, sentant le scandale arriver, le gouvernement avait fini par provoquer l'ouverture d'une procédure judiciaire en avril 2012. Il convient aussi d'en attendre l'issue, même si, une fois de plus, le temps judiciaire s'annonce incroyablement long !

Soucieux de transparence et désireux de montrer mon travail, je communique sur mon blog le 26 juillet 2013. Je rappelle mes démarches et annonce la sanction. Coup de théâtre, je reçois alors une lettre comminatoire des dirigeants d'UBS, datée du 4 juillet 2013, à l'évidence destinée à se servir de la diffusion de mon texte dans la procédure en appel qu'ils n'ont pas manqué de déclencher, même pour dix « petits » millions !

La justice poursuit encore à ce jour son travail. Elle a demandé en septembre 2014 une caution record de 1,1 milliard. Mais que de temps passé pour sanctionner des actes aussi graves : avoir accompagné ses meilleurs clients dans l'évasion fiscale, les y avoir même incités, leur avoir fourni les porteurs de valises pour faire circuler les fonds en argent liquide ! Quasiment dix ans plus tard, aucune vraie sanction n'a été prononcée !

L'épais dossier HSBC

Dans le même registre, la banque HSBC m'a beaucoup mobilisé. Dans un ouvrage minutieux, *La Clef. Révélations sur la fraude fiscale du siècle*[1], Gérald Davet et Fabrice Lhomme relatent mon implication

1. Stock, 2015.

dans cette affaire, dédiant un chapitre à mon action. Mon choix de consacrer au dossier HSBC un rapport parlementaire complet a contribué à ce que ce dossier ne s'enterre pas dans des procédures interminables comme trop souvent.

La célèbre liste Falciani, et ses trois mille noms de titulaires de comptes HSBC en Suisse, faisait l'objet de tant de commentaires, de suspicions et d'interrogations que j'ai voulu en avoir le cœur net. Utilisant là aussi mes prérogatives de rapporteur général, j'ai eu accès à la fameuse liste avant d'interroger les agents de l'administration fiscale. Une matinée entière passée à Bercy, liste en main, m'a permis de vérifier le sérieux des équipes et de comprendre leur méthodologie. Grâce à un tête-à-tête avec Hervé Falciani et son conseil, j'ai pu mieux cerner ce personnage complexe, aux motivations sinueuses, issu d'un monde opaque et troublant.

Enfin, j'ai même entendu l'ancien procureur Éric de Montgolfier, fraîchement retraité – heureusement, sinon je n'aurais pu le consulter, en vertu du principe de la séparation des pouvoirs. Son apport a été précieux pour me révéler comment la ministre de la Justice de l'époque, Michèle Alliot-Marie, aurait tenté à plusieurs reprises de retenir son action. Il lui aurait été ainsi demandé de rendre l'original de la liste Falciani à la Suisse, ce qui aurait éteint les possibilités de poursuite du dossier !

Grâce à mon équipe d'administrateurs qui a réalisé une fois de plus un travail exceptionnel, j'en ai rédigé un rapport détaillé à l'Assemblée nationale, qui a été publié le 10 juillet 2013.

En novembre 2017, le Parquet national financier (PNF) a conclu avec HSBC la première Convention judiciaire d'intérêt public (CJIP). Cette disposition nouvelle issue de la loi Sapin 2 évite le procès, ses lourdeurs et surtout ses délais.

HSBC reconnaît l'existence des faits de blanchiment de fraude fiscale et accepte de payer 300 millions d'euros d'amende. Compte tenu des appels possibles et des années de procédure probables, je ne crois pas qu'un procès eût été préférable. L'entreprise UBS, elle, a refusé la CJIP et la comparaison entre les deux procédures sera intéressante, même si elle ne sera possible que bien tard.

L'accueil des repentis

Ces deux affaires ont été à l'origine de la création d'un service important de l'administration fiscale qu'il convient de décrire précisément. À l'initiative de Bernard Cazeneuve, alors ministre délégué au Budget, est créé en juin 2013 par une circulaire le Service de traitement des déclarations rectificatives (STDR). Il ne s'agit pas d'une cellule de dégrisement, comme il a pu en exister sous d'autres gouvernements. Il est maintenant connu que les cabinets de l'époque Sarkozy-Woerth avaient l'habitude de négocier ainsi le rapatriement de certains contribuables nomades.

Depuis 2009, cette cellule avait négocié des accords avec plusieurs milliers de contribuables, leur garantissant l'anonymat, l'impunité et des ristournes sur les pénalités, sans cadre juridique précis.

Le principe du STDR est assumé : de nombreux pays ont signé des accords pour que les échanges des informations bancaires (et fiscales) soient généraux et systématiques en 2017 ou 2018. La Suisse, le Luxembourg, Singapour et bien d'autres s'y sont engagés.

Le message aux personnes ayant des comptes non déclarés à l'étranger est donc clair : « Venez spontanément vous mettre en règle. » Après vous être identifiés, vous paierez les impôts, les cotisations sociales et les pénalités des périodes non prescrites. Sauf cas d'une fraude particulièrement active et massive, les poursuites pénales vous seront épargnées. Si vous ne le faites pas, lorsque vous serez « rattrapés par la patrouille », vous aurez des pénalités plus fortes et vous exposerez systématiquement à des sanctions pénales.

Le STDR croule rapidement sous les dossiers, arrivant certains jours par camionnettes entières ! Plus de 50 000 dossiers ont été reçus – très majoritairement venant de comptes suisses –, près de huit milliards de droits et pénalités ont été encaissés, et plus de trente-cinq milliards d'avoirs jusque-là dissimulés au fisc ont été révélés ! Malgré les renforts mis en place et la création d'antennes déconcentrées, tous ne sont pas traités fin 2017.

Les agents de ce service ont accompli un travail original. Ils devaient distinguer, parmi ces repentis fiscaux, ceux qualifiés d'actifs et de passifs. Des entretiens ont donc souvent été organisés pour appréhender l'origine des fonds, expliquer le pourquoi des versements ou des retraits. Leurs interlocuteurs ont alors souvent révélé des sagas familiales dignes de séries télévisées : quelques-uns de ces comptes étaient destinés à masquer des doubles vies, par exemple pour assurer des revenus à des maîtresses ou à des enfants illégitimes ! ; d'autres ont pu servir à contourner les règles sur les successions pour favoriser un conjoint ou un descendant au détriment des autres héritiers potentiels.

Beaucoup de comptes trouvaient leur origine dans la Shoah. Les familles juives ayant fui les nazis ont souvent rapatrié leurs avoirs en Suisse. Certaines n'ont pas survécu et leurs héritiers n'en avaient pas toujours connaissance…

Mon successeur a annoncé la fermeture du guichet à la fin 2017. Il a eu raison. Je l'avais moi-même laissé entrevoir au Parlement. Les échanges automatiques d'informations entre pays permettront dorénavant de connaître les titulaires de comptes à l'étranger, et il n'y a aucune raison de leur réserver un accueil particulier. Au contraire. Il sera désormais facile de les retrouver, de les poursuivre et de les taxer.

La mauvaise volonté du Conseil constitutionnel

Le STDR n'a malheureusement entraîné la régularisation que d'une partie des fraudeurs.

Beaucoup de particuliers certes, mais les plus gros poissons ont certainement trouvé d'autres eaux troubles pour se la couler douce. Les cas des entreprises ou des trusts restent assez largement à traiter, malgré des efforts importants et des modifications législatives nombreuses.

Mais nous ne sommes guère aidés par le Conseil constitutionnel qui censure nos initiatives les plus ambitieuses. En décembre 2013 par exemple, nous avons décidé avec le Parlement de créer un registre public des trusts. Ces objets financiers opaques et complexes sont des vecteurs de dissimulation très utilisés. Le Conseil constitutionnel a pourtant considéré que c'était « une atteinte disproportionnée au droit au respect de la vie privée » et a annulé cette disposition en octobre 2016 !

Comme si le respect de la vie privée devait permettre à des citoyens de reporter les charges publiques sur les autres !

Plusieurs autres dispositions législatives introduites au Parlement ont été rejetées par le Conseil constitutionnel. C'est par exemple le cas d'amendements parlementaires impliquant la responsabilité des cabinets de conseil ayant vendu à leurs clients des montages reconnus comme frauduleux. Punir l'utilisateur de systèmes d'évasion fiscale est nécessaire, mais pourquoi les concepteurs pour ne pas dire les marchands de ces systèmes seraient exonérés de poursuites ? Le Conseil constitutionnel a considéré que le mot « montage » était trop imprécis pour être inscrit dans la loi !

Le rôle du Conseil constitutionnel a été fondamental sur ces sujets. Malheureusement, souvent, ses membres ont tranché contre les mesures renforçant les possibilités de sanctionner, de trouver et d'incriminer les fraudes. J'en suis venu à m'interroger sur sa composition, la façon de nommer ses membres et la réalité de son indépendance…

Loin d'être anecdotiques, des discussions sans fin ont lieu autour des adverbes ou des autres mots utilisés. La loi en vigueur donne la possibilité à l'administration de considérer comme abus de droit les actes ayant une motivation à but « exclusivement » fiscal. Plusieurs tentatives ont eu lieu pour élargir cette possibilité. Il est trop facile – et la jurisprudence le démontre – d'invoquer d'autres motivations, même homéopathiques, pour plaider qu'un montage n'a pas comme finalité « exclusivement » d'éluder l'impôt !

Au Parlement, toutes les propositions ont été faites : remplacer « exclusivement » par « principalement » ou encore par « essentiellement »… Fiscalité et grammaire ont généré des heures de débat ! Le Conseil constitutionnel a là aussi tranché, estimant que remplacer « exclusivement » par « principalement » « méconnaissait l'objectif d'accessibilité et d'intelligibilité de la loi et le principe de légalité des délits et des peines ».

Le Conseil a sans doute considéré qu'en fiscalité, il n'existait que le noir intégral, interdit et punissable, et le reste, légal et autorisé. Ouvrir les yeux permet de distinguer aussi le gris, et même le gris clair et le gris foncé !

Que l'on ne me dise pas que les filiales d'Apple en France ne réalisent pas de bénéfices imposables et que l'installation de leur maison mère qui concentre les bénéfices en Irlande, au travers de montages alambiqués, n'est pas à but exclusivement fiscal !

15

Maudit costume

J'ai un ami breton. Cela n'a rien d'extraordinaire. Plus original, ce copain possède une maison tout au bout de l'île de Sein, elle-même tout au bout du Finistère, en face de la pointe du Raz. Nous y avions déjà passé une journée avec des amis, avions rencontré le maire et quelques habitants mobilisés autour d'un beau projet d'autonomie énergétique. J'étais resté en contact avec eux pour tenter de faire avancer leur dossier.

À l'été 2014, Laurence et moi acceptons la proposition de notre ami qui nous invite à passer quinze jours sous son toit sur l'île. Nous nous y retrouvons seuls au monde, isolés à l'extrémité de cette petite motte de terre au milieu d'une mer agitée, près du phare qui était encore gardé à cette date.

Lire, dormir, marcher un peu – le tour de l'île est vite bouclé –, nager, cuisiner et manger le poisson pêché ou partagé avec les autochtones, vite devenus des amis aussi chaleureux que leur vie est rude, ces vacances sont belles et reposantes.

Puis, le maire m'invite à l'apéritif avec ses conseillers pour me parler de ses difficultés et de ses projets. Avant de nous quitter, il me confie qu'une visite du président

Hollande est prévue prochainement. L'île est en effet une des cinq seules communes à avoir été faite compagnon de la Libération – presque tous les hommes valides de l'île furent parmi les premiers à foncer en Angleterre rejoindre le général de Gaulle en juin 1940. Le maire espère ainsi me revoir avec le président, afin que je sois aussi leur ambassadeur auprès de lui.

Rentré à Paris, mi-août, je trouve l'ambiance tendue. Sans doute est-ce le contraste avec la quiétude des vacances, mais pas que… Nous reprenons tout de suite la finalisation de la loi de finances. Une réunion d'arbitrage essentielle est prévue à l'Élysée dès mon retour.

Pour cet exercice, outre le président, le Premier ministre, Michel Sapin et moi-même, participent Marisol Touraine au titre des budgets sociaux, Marylise Lebranchu pour les Collectivités locales, Arnaud Montebourg pour l'Économie. La réunion est censée durer une heure. L'ordre du jour prévoit d'arrêter les chiffres de prévision de croissance, d'inflation, de niveau de déficit et de décliner les principaux moyens d'y parvenir.

Même si, comme souvent, nous connaissons à l'avance les choix du président, la réunion s'éternise près de trois heures… C'est exceptionnel et démontre combien les points de vue n'avaient pas vraiment convergé durant les phases de préparation. Le Premier ministre espérait obtenir une hausse de TVA pour retrouver des marges. Le président ne voulait aucune hausse des prélèvements. Mais le plus remonté autour de la table est sans conteste Arnaud Montebourg, résolument décidé à abandonner la marche vers les 3 % de déficit public. C'est sans doute ce jour-là qu'il a préparé ses propos insolents, tenus à Frangy-en-Bresse quelques jours plus tard.

Le surlendemain, après une nouvelle réunion, je demande à parler au président une minute. Ayant appris que son voyage à l'île de Sein était confirmé pour le 25 août, je lui exprime mon souhait de l'accompagner en lui résumant sommairement mes raisons. François Hollande accepte immédiatement et donne des consignes en ce sens à son équipe.

Naufrage dans l'avion

Le déplacement demeurera incertain jusqu'au bout. Le dernier tronçon et l'arrivée sur l'île sont prévus en hélicoptère. Or, le temps s'annonce très mauvais avec un plafond très bas. Le rendez-vous est fixé à 9 heures, à la base aérienne de Villacoublay. J'y débarque avec un peu d'avance. On me fait monter dans le Falcon aux couleurs tricolores en attendant que le président arrive. J'y retrouve Jean-Yves Le Drian déjà installé. Les Bretons du gouvernement sont évidemment du voyage, Marylise Lebranchu devant nous rejoindre à l'étape prévue pour le transfert en hélicoptère.

À 9 heures, un conseiller du président passe nous voir : « Euh… Messieurs les ministres… L'arrivée du président est imminente, mais je dois vous prévenir…

Nous venons de publier un communiqué pour annoncer la démission du gouvernement ! »

La veille, à Frangy, ce que j'avais perçu quelques jours plus tôt est révélé au grand jour. Arnaud Montebourg et Benoît Hamon ont franchi le Rubicon, une bouteille de la « cuvée du redressement » à la main.

Surpris, Jean-Yves Le Drian et moi restons muets. Le président arrive alors. D'ordinaire jovial, chaleureux et souriant, il a la mine des mauvais jours. Un haussement de sourcils accompagne son commentaire laconique : « Eh oui !… Mais ne vous faites pas de soucis pour vous deux… » Le voyage, d'ordinaire passé à dialoguer et à plaisanter, est cette fois lugubre, chacun se réfugiant dans la lecture des journaux du jour.

Nous comprenons que ce moment est un tournant. La rupture consommée avec cette fraction du PS fragilise le président déjà vacillant.

Je me pose évidemment la question de mon avenir. Dois-je me joindre à ceux qui quittent le navire, rajoutant encore de la confusion à un tableau déjà bien sombre ? Si j'ai idéologiquement des affinités avec la gauche du PS, je ne souhaite pas aggraver les difficultés du président. Certes je suis moins connu et beaucoup moins médiatique que le duo Montebourg-Hamon. Mais mon départ serait un pas de plus vers l'éclatement d'une majorité en décomposition.

Je me cale donc dans mon fauteuil et partage ces lourds moments de silence avec un président aussi fermé que les huîtres vers lesquelles nous emmène le Falcon tricolore.

Mais le pire reste à venir.

Éléments contraires

Contrairement aux idées répandues, les moments de plaisir sont assez rares au cours des journées de ministres. J'avais espéré que ce déplacement aux côtés du président de la République, sur une île où j'avais passé des moments agréables, à la rencontre de celles et ceux qui étaient vite devenus des amis, en serait un.

Problème, même le ciel est contre nous. Le plafond trop bas permet tout juste aux appareils qui nous transportent de rejoindre l'île. La pluie aura marqué les sorties du président, dès les premiers jours. Et ce jour-là, une fois de plus, il pleut, il pleut, il pleut : pas cette pluie fine qui transperce petit à petit, mais une vraie pluie, lourde et froide. Et le président, sombre et têtu, refuse qu'on l'abrite. Il se doit d'être comme tout le monde. Bien sûr, les accompagnateurs ne peuvent faire autrement que d'imiter leur chef. Nous déambulons ainsi un temps infini durant lequel beaucoup essuient leurs lunettes, ou tentent de se sécher avec les rares serviettes sèches glanées dans les toilettes.

Je porte un costume bleu marine, acheté récemment, sur une chemise blanche. Le tout s'imbibe allègrement au fil des minutes, sous-vêtements compris. Nous passons devant ma petite maison de vacances, où mon ami breton salue le président qui me fait un clin d'œil.

Devant le monument de la Résistance, seul, sans auvent, le président essuie l'averse et le vent, donnant à la télévision des images dégoulinantes, le jour même d'un changement de gouvernement qui acte de divisions fondamentales dans notre majorité. Heureusement le naufrage ne frappe pas tout le monde : la propriétaire du seul magasin vendant des cirés et des parapluies sur le port me reconnaît. Elle me confie qu'elle a fait ce jour-là le chiffre d'affaires du siècle !

Le retour est aussi triste que l'aller. Voire plus. Connaissant nos origines lorraines communes, François Hollande me tend la lettre d'Aurélie Filippetti qu'on lui a faxée, où elle lui dit son intention de ne pas figurer dans le futur gouvernement :

« Je ne serai pas, cher François, Monsieur le Président, candidate à un nouveau poste ministériel. »

Je comprends que cette lettre ne sert à rien, le président n'avait aucunement l'intention de l'y maintenir !

Une journée à jeter

Je rejoins alors mon bureau à Bercy et rumine ma déception. Cette journée dont je me faisais une joie a été un long chemin de croix. Il me restait la dernière station !

À peine arrivé, je tombe ma veste encore trempée de la pluie bretonne et découvre que ma chemise blanche a pris le bleu du costume. Dans la penderie des toilettes, j'ai un costume et une chemise de rechange. Je les passe en vitesse, même par-dessus mes sous-vêtements, eux aussi mouillés.

À Bercy, existe un service de blanchisserie pour les ministres, chauffeurs et officiers de sécurité. Je confie donc la boule de tissu informe qu'est devenu mon costume à Grégory, l'officier de sécurité qui m'a suivi toute la journée, en lui demandant de porter tout ça au pressing.

Un quart d'heure plus tard, Grégory frappe à ma porte. Par un hasard heureux, Grégory est lorrain comme moi. C'est l'une des raisons de l'excellente relation que nous avons eue ces trois années – notre cohabitation étant permanente pour des raisons de sécurité, c'est important pour lui comme pour mon épouse et moi.

Grégory est gêné et ne sait pas comment me le dire. Le paquet bleu marine encore suintant à la main, il bafouille : « Euh… monsieur le ministre… Je suis désolé… Mais la blanchisserie refuse de prendre votre costume parce qu'à la suite de la démission du gouvernement, vous n'êtes plus ministre. Ils n'ont rien voulu savoir… »

J'en suis resté vexé, pensant ne pas abuser des moyens de la République en demandant qu'on efface au mieux les stigmates d'un – possible dernier ? – voyage encore officiel… Je subis les affres de cette journée jusqu'au bout. Puis, de rage, je jette cette maudite boule bleue dans le placard.

Le lendemain, je suis renommé sans surprise au même poste. Discrètement, Grégory est venu rechercher l'objet du litige pour le confier à la lingerie qui a, cette fois, accepté de le remettre en état. Mais l'histoire de ce costume ne s'arrête pas là !

Une semaine plus tard, je le remets avec un peu d'émotion après ma toilette matinale. Problème – de taille –, le pantalon, qui a sans doute souffert des avatars de la semaine précédente, se déchire sur trente centimètres au moment où je m'assois à l'arrière de ma voiture !

Le costume de l'île de Sein, même passé à la lingerie de Bercy, aura donc connu une histoire assez semblable à celle de notre quinquennat ! Rutilant au début, prenant l'eau rapidement face aux tempêtes, tardant à se refaire une beauté... pour finir dans un déchirement total !

16

Le verrou de Bercy

Je n'ai jamais reçu les dirigeants ou les avocats fiscalistes des grands groupes faisant l'objet de redressements fiscaux, souvent pour des montants énormes. Les hauts fonctionnaires de Bercy le faisaient. Il est vrai que les conseillers fiscaux, les avocats fiscalistes et les agents en fonction à Bercy se connaissent bien, sûrement trop bien…

La porosité de ces milieux, leur consanguinité même, les navettes des uns et des autres entre contrôleurs et contrôlés posent des questions de fond, que nous-mêmes avons trop longtemps éludées.

Un contrôleur, employé à Bercy pour déjouer les combines fiscales des entreprises, peut ainsi basculer dans le privé et se retrouver « de l'autre côté » à conseiller les mêmes entreprises en connaissant les méthodes de contrôle et en en utilisant les failles existantes. Dans un récent ouvrage[1], le journaliste de *L'Obs* Vincent Jauvert a démontré la consanguinité des avocats fiscalistes et des fonctionnaires du contrôle fiscal.

---

1. *Les Intouchables d'État. Bienvenue en Macronie*, Robert Laffont, 2018.

Un directeur de Bercy m'a un jour décrit un entretien avec le représentant d'un grand groupe français rattrapé par la patrouille fiscale, venu solliciter sinon une remise de peine du moins une discrétion préservant l'image de sa société. L'avocat de l'entreprise tourne autour du pot face au contrôleur, rentre dans des justifications alambiquées auxquelles il ne croit pas lui-même, et finit en se tortillant sur sa chaise par suggérer de payer, y compris les pénalités, en échange du respect du secret fiscal.

Tout le monde parle du fameux « verrou de Bercy » et beaucoup s'en offusquent. J'ai moi-même longtemps souhaité sa disparition…

Le verrou de Bercy signifie que la justice ne peut déclencher de poursuites pénales pour fraude fiscale que sur la demande des ministères de Bercy. Ce « monopole » peut donner le sentiment que la fraude fiscale échappe facilement aux poursuites judiciaires. Mais le sujet mérite une réflexion approfondie, car l'égalité devant les charges publiques est un principe républicain majeur.

« Bercy » contrôle, investigue, redresse, inflige des pénalités de retard, prononce des sanctions administratives et recouvre les sommes correspondantes. Les procédures sont contradictoires, peuvent faire l'objet de recours, le plus souvent devant les juridictions administratives ou devant les juridictions judiciaires pour certains impôts comme l'ISF ou les droits de succession. Parfois, certains contribuables font appel au Conseil constitutionnel, par des questions prioritaires de constitutionnalité (QPC). Ils peuvent aussi poser des questions d'application du droit européen. En cas de difficulté d'interprétation, certains interrogent la Cour de justice de l'Union européenne.

La question des poursuites pénales se pose dans un second temps. Certains regrettent que la justice pénale ne puisse se saisir directement du délit de fraude fiscale. Elle peut – et elle le fait – poursuivre les délits de blanchiment de fraude. Elle peut surtout être saisie par « Bercy », après accord de la Commission des infractions fiscales (CIF).

Cette commission est une autorité indépendante, composée de magistrats du Conseil d'État (huit), de la Cour des comptes (huit), de la Cour de cassation (quatre) et de personnalités qualifiées (quatre) nommées par les présidents des deux assemblées. De fait, la CIF examine tous les ans un millier de dossiers dont l'administration fiscale, bien sûr pilotée par ses ministres de tutelle, la saisit. La CIF décide plus de neuf fois sur dix de transmettre à la justice pénale les dossiers qu'elle a examinés. Un rapport – non nominatif – est enfin transmis au Parlement tous les ans.

Dans la pratique, Michel Sapin et moi avons cosigné, le 23 septembre 2014, une instruction au directeur général des finances publiques et à la directrice générale des douanes et des droits indirects. Elle précise que « la décision de procéder à un contrôle individuel ainsi que le déroulement des opérations de contrôle relèvent de votre responsabilité exclusive. Nous entendons donc nous abstenir de toute intervention dans le cours des procédures individuelles de contrôle et de recouvrement ainsi que dans les éventuelles décisions de poursuites pénales… ».

La doctrine de l'administration paraît simple et de bon sens. Elle transmet à la CIF les dossiers qui mettent en jeu des sommes particulièrement importantes, ou qui impliquent des personnes ayant des compétences particulières en matière fiscale.

Faire sauter le verrou ?

Si les choses paraissent claires, leur application peut l'être beaucoup moins.

En matière de fraude fiscale, on trouve des dossiers – la plupart du temps concernant des entreprises – qui peuvent dépasser le milliard d'euros ! Mais un délinquant fiscal d'une PME ne mérite-t-il pas aussi d'être traduit devant des juges, même pour 10000 euros ?

Idem pour un avocat fiscaliste ou un expert-comptable, les poursuites pénales s'imposent. Mais, par exemple, le cas de parlementaires ou de personnalités connues, pas forcément spécialistes de fiscalité, n'est pas toujours évident à trancher.

Les cas d'un ancien ministre et d'un parlementaire, atteint de « phobie administrative », ont bien été transmis aux autorités judiciaires, mais uniquement grâce au rôle primordial de la presse qui les a révélés. D'autres situations, parfois proches, voire plus scandaleuses, sont restées sans suite pénale.

Deux arguments principaux sont avancés par celles et ceux qui veulent faire sauter le verrou.

Le premier est le caractère public d'un jugement pénal, à la différence d'une sanction administrative couverte par le secret fiscal. Un contribuable qui fraude, rattrapé par les agents du fisc, est redressé du montant fraudé. On lui inflige alors des pénalités fiscales et des amendes souvent sévères. Mais ces sanctions et le délit peuvent être ignorés de tous. Le contribuable incriminé peut même demander réparation à celui qui aurait divulgué l'existence d'une procédure fiscale !

En revanche, un jugement rendu au nom du peuple est évidemment public. La révélation de la culpabilité ferait partie de la punition. C'est d'autant plus vrai que la personnalité du fraudeur est connue du grand public, et que la honte est là encore plus dure pour la personne concernée.

Le second argument sous-tend que les sanctions administratives seraient insuffisantes. Les sanctions financières peuvent être très lourdes – 80 % de l'impôt dû en cas de manœuvres frauduleuses ! Mais l'administration ne peut évidemment pas prononcer de peines de prison. Seule l'autorité judiciaire a ce pouvoir. Et certains considèrent que punir la fraude fiscale ne saurait se limiter à des sanctions financières, d'autant que bien souvent les fraudeurs en question sont loin d'être dans l'incapacité de payer !

En poussant un peu le raisonnement, on a le sentiment que les fraudeurs préfèrent payer plus plutôt que d'être conduits en prison. Le service des « repentis fiscaux », ayant « oublié » de déclarer leurs avoirs à l'étranger[1], a d'ailleurs connu un franc succès car, hormis quelques très rares cas, seules des sanctions financières leur ont été infligées.

Si j'entends le premier argument sur l'absence de publicité des sanctions administratives, il faut reconnaître que c'est davantage le secret fiscal qui est mis en cause que la discrétion des sanctions. On sait qu'aujourd'hui le secret de l'instruction est peu respecté et combien sa violation peut engendrer des drames humains. Mais n'ayons pas peur des vérités. Le secret fiscal est perçu par le grand public – qui n'en connaît que rarement l'utilité – comme une façon de gérer entre initiés, de couvrir des manquements, de conclure des « transactions », sans contrôle aucun.

L'existence, avant 2010, de « cellules spécialisées » – qui permettaient à certaines personnalités d'obtenir des « aménagements » fiscaux – au sein des cabinets ministériels n'est plus un secret pour personne. La presse s'en est parfois fait l'écho. Et le travail des journalistes d'investigation, de quelques parlementaires aussi, rend aujourd'hui périlleuses les faveurs qui pourraient être encore accordées.

Il faut ici rappeler que les présidents de Commissions des finances et les rapporteurs généraux du budget de chacune des deux assemblées ne peuvent se voir opposer le secret fiscal par l'administration. Ils y sont néanmoins

1. Voir le chapitre « Secrets bancaires », p. 171.

eux-mêmes tenus et ne peuvent divulguer les informations individuelles qu'ils ont pu réunir.

J'ai moi-même usé de ce droit de communication plusieurs fois, notamment sur le dossier HSBC, celui d'UBS ou sur la situation fiscale d'ArcelorMittal. Il est sans doute nécessaire d'amplifier le droit de contrôle des parlementaires, encore faut-ils qu'ils aient la volonté d'en user…

J'ai enquêté sur ArcelorMittal lorsque j'étais rapporteur général. Je n'avais pas oublié que je suis né près de Florange. Le redressement par nos services de l'impôt des filiales françaises de cette multinationale a bien été mis en œuvre. Les transferts et autres montages pour effacer les bénéfices en France et les accumuler au Luxembourg ont donné lieu à des expertises sans fin et à des procédures interminables entre entreprise, fisc français et fisc luxembourgeois… À ma connaissance, cela dure encore !

Le second argument sur le niveau des sanctions est peu recevable. Sur le millier de cas transmis aux juges tous les ans après l'avis favorable de la CIF, l'examen du niveau des amendes prononcées montre qu'elles sont largement inférieures aux sanctions administratives ! Concernant les peines de prison ferme, elles demeurent rares et si faibles qu'elles sont peu exécutées. Dans ce domaine, les juges sont sans doute davantage sensibilisés aujourd'hui aux questions de fraude fiscale. Ils pourraient se montrer plus sévères à l'avenir. Le Parlement a en effet durci, avec mon accord, les peines maximales applicables en matière de fraude fiscale et il existe donc une belle marge de progrès.

Le renfort de Bercy

Mais un autre point a emporté ma conviction. Car je reconnais avoir changé d'avis. Je suis désormais pour conserver le « verrou » de Bercy.

En 2013, nous avons été quelques députés socialistes à y travailler : Sandrine Mazetier, Yann Galut, moi-même et quelques autres… Le secrétaire d'État au Budget de l'époque était Bernard Cazeneuve. Il nous avait conviés à un dîner et avait défendu le *statu quo*. Outre tous les arguments que je viens de rappeler, Bernard nous avait fait part des difficultés de la justice à traiter des questions fiscales.

Le Parquet national financier (PNF), que nous avons créé, n'existait pas encore lors de ces échanges. Son activité est aujourd'hui encore en voie de développement, même si les premières années ont été très prometteuses. Les affaires fiscales sont la plupart du temps complexes. Les frontières entre l'optimisation, l'abus de droit et la fraude sont ténues. La formation des magistrats en la matière reste rudimentaire. Le traitement des dossiers par la justice est de loin beaucoup plus long que celui suivi par les services fiscaux. Les montages aux multiples ramifications, l'enchevêtrement de sociétés logées dans divers pays, ainsi que l'évolution permanente des textes et des jurisprudences, nécessitent des personnes particulièrement investies.

Bercy possède ces compétences. Les juridictions pénales, qui ne traitent que rarement de ces affaires fiscales, commencent seulement à les avoir. La justice fait d'ailleurs – et tant mieux – souvent appel, en renfort, aux services fiscaux. Pour que les redressements fiscaux et donc les rentrées d'argent se fassent dans des délais convenables, il est important de maintenir le dispositif en l'état.

Le principal argument des opposants au verrou de Bercy réside aujourd'hui dans la crainte de voir des justiciables invoquer le principe du *non bis in idem* – pas deux fois pour la même chose : en droit, une même affaire ne peut être jugée deux fois par deux juridictions différentes. Plusieurs fraudeurs ont cherché à s'appuyer sur ce principe pour échapper à une condamnation.

Parmi eux, le cas de la succession Wildenstein. Énorme affaire de succession dans cette famille de collectionneurs d'œuvres d'art. Plusieurs mariages, des centaines d'œuvres d'art, des pur-sang de valeur, des enfants qui se disputent, des trusts abritant des fortunes… L'administration a conduit sa propre procédure. La justice, saisie aussi, a développé la sienne…

Si les héritiers Wildenstein ont été relaxés du chef d'accusation de fraude fiscale et de blanchiment de fraude fiscale en bande organisée par la justice, ce n'est pas sur le fondement du *non bis in idem*, mais sur l'insuffisance de la législation fiscale – qui a été précisée en 2011 et dont les effets ne peuvent donc porter sur les faits incriminés qui datent de 2001. Il reste une procédure civile en cours, portant, excusez du peu, sur 500 millions d'euros.

L'autre tentative a été menée par… Jérôme Cahuzac lui-même ! Déjà sanctionné par l'administration fiscale, il a essayé d'échapper à la sanction judiciaire en vertu de ce principe. Sans succès. C'est bien la preuve que sanction administrative et sanction judiciaire peuvent porter deux fois sur la même faute.

Désormais, les dernières décisions du Conseil constitutionnel d'invalidation des procédures au titre du *non bis in idem* permettent d'envisager sereinement une procédure judiciaire simultanément à une procédure administrative. Comme quoi le Conseil constitutionnel peut aussi faire preuve de sévérité à l'égard des fraudeurs !

Nous sommes nombreux à nous être laissé convaincre qu'il était à l'époque prématuré de modifier la loi. Cette position change. Le PNF trouve aujourd'hui sa pleine mesure, la coopération internationale se met en place, le moment d'évoluer est sans doute arrivé.

Quant à l'avocat fiscaliste dont il est question au début du chapitre, il est reparti avec un redressement d'environ un milliard, couvert par le secret fiscal comme il l'espérait. Ce milliard a servi à alléger d'autant les impôts sur le revenu des particuliers.

17

Ma casserole

Fin 2015, je siège quasiment jour et nuit depuis deux mois à l'Assemblée, parfois même le samedi. Je m'étonne moi-même de la fraîcheur relative que ma robuste constitution me permet de conserver en public, avant de m'écrouler sur le premier canapé venu, dès mon retour chez moi. Mon cabinet et certains membres de mon administration sont à mes côtés en permanence et me facilitent la tâche en préparant les argumentaires, les discours, les réponses aux remarques des parlementaires... Quand j'ai de légers coups de fatigue, ils me communiquent leur énergie, leur motivation et leur souci du travail bien fait.

La question de la répartition des bénéfices des entreprises entre les différents pays du monde est un sujet qui m'a valu bien des vicissitudes. J'ai même été gratifié par l'association Anticor en janvier 2016 du prix «Casserole» à ce propos. Sur le fond comme sur la forme, cette histoire est révélatrice de la difficulté à légiférer, de l'importance de disposer de députés assidus et de la nécessité pour les secrétaires d'État au Budget de faire de la pédagogie autant que de la communication.

Cet épisode m'a affecté, car j'ai été injustement traité de complice des fraudeurs.

La lutte contre la fraude a connu au cours du dernier quinquennat des progrès considérables. Mesurer le chemin restant à accomplir fait oublier celui parcouru.

L'amendement de minuit

Nous sommes le 15 décembre 2015 à l'Assemblée nationale. Le marathon budgétaire touche à sa fin. Les trois textes financiers rituels de fin d'année – loi de finances 2016, loi de finances rectificative de 2015, loi de financement de la Sécurité sociale 2016 – terminent leurs navettes entre les deux assemblées à l'approche de la trêve de Noël. L'Assemblée nationale examine ce jour-là en seconde lecture le projet de loi de finances rectificative. Cet automne budgétaire a été difficile, mais son terme est proche. Les derniers articles défilent sans passion dans un hémicycle presque désert et pressé d'en finir.

Minuit approche. Nous en sommes quasiment au dernier article de la dernière lecture du texte et arrivons à l'un des derniers amendements proposés par plusieurs députés socialistes – frondeurs – et écologistes.

Je connais le sujet par cœur. C'est un amendement que nous appelons « marronnier », c'est-à-dire qui revient régulièrement dans tous les textes financiers. Il se résume en quatre lettres : CbCR – *Country-by-Country Reporting*, rapport pays par pays.

L'amendement porté entre autres par le tonitruant député parisien PS Pascal Cherki[1] obligerait les entreprises françaises réalisant un chiffre d'affaires significatif à publier les informations pays par pays des bénéfices réalisés, des effectifs implantés, des impôts payés, des subventions reçues, des chiffres d'affaires effectifs…

L'idée est aussi régulièrement défendue par les ONG de type Oxfam, CCFD[2]-Terre solidaire… Elle est intéressante et procède d'une intention louable. En observant la cohérence de ces informations, on peut aisément déceler des anomalies relevant de la corruption et de la fraude. Si, dans un pays où travaillent une poignée de salariés, un bénéfice gigantesque est déclaré et des impôts ridicules acquittés, c'est un indice probant de possible optimisation fiscale. Si une entreprise exploitant les richesses du sous-sol réalise un énorme chiffre d'affaires dans un pays sans y payer d'impôts, la présomption de corruption est forte. De telles dispositions existent, notamment pour les banques, depuis une loi de juillet 2013.

Mais il ne semble pas que ces règles les aient beaucoup contraintes, à l'image de la Société Générale. Les dénégations de son P-DG, Frédéric Oudéa, à l'occasion des révélations des Panama Papers, devant la commission des finances du Sénat, ont peu convaincu, c'est un euphémisme.

1. Il a depuis quitté le PS pour le mouvement de Benoît Hamon, Génération.s.

2. Comité catholique contre la faim et pour le développement.

Les services juridiques du ministère ont toujours estimé que la publicité des informations de cette nature, rendue obligatoire par une loi pour les seules entreprises françaises ayant des activités partout dans le monde, serait jugée contraire à notre Constitution. Les principes du secret des affaires et surtout de la liberté d'entreprendre, d'après nos juristes, devraient conduire le Conseil constitutionnel à annuler une telle disposition si le Parlement l'adoptait.

La publicité de ces informations imposerait aux seules entreprises françaises de divulguer une partie de leur politique industrielle et commerciale. Leurs concurrents étrangers, dispensés d'une telle obligation, auraient ainsi une visibilité sur la stratégie de nos industriels. Les arbitrages interministériels ont, pour toutes ces raisons, constamment été rendus négativement sur ce sujet.

Or, même sur les dispositions d'origine parlementaire qu'il n'a pas soutenues, notre gouvernement est considéré comme l'unique responsable – des annulations prononcées par le Conseil constitutionnel – aux yeux de la presse et du grand public.

Pourtant je ne suis pas inquiet. J'ai un argument de poids. Quinze jours plus tôt, en loi de finances initiale, le gouvernement a fait adopter un article majeur sur ce sujet : obligation sera faite désormais aux entreprises dépassant un seuil élevé de chiffre d'affaires de déclarer à l'administration fiscale française le détail, pays par pays, de ses activités. C'est le CbCR pour l'administration fiscale, mais sans obligation de le rendre public.

Une belle victoire. Mais la presse et les ONG cherchent autant à pratiquer le « *name and shame* » – littéralement, « nommer et couvrir de honte[1] » – qu'à créer les conditions du bon recouvrement de l'impôt. Ils ne sont donc qu'à moitié satisfaits.

Des parlementaires veulent aller plus loin, toucher plus d'entreprises et surtout obliger à la publicité des informations. Pour mes services et moi, l'objectif est néanmoins atteint. Après tout, c'est à l'administration fiscale de conduire les contrôles et les redressements. Avec cette nouvelle obligation, elle verra sa capacité de détecter la fraude sérieusement améliorée. L'article de la loi de finances voté quelques jours plus tôt n'a pas fait l'objet de communication particulière de ma part. C'est sans doute une erreur. Il a été adopté dans l'indifférence générale et les parlementaires ont fait leur le dicton de nos grands-parents : « Bouchée avalée n'a plus de saveur ! »

Le débat nocturne est mené par des députés frondeurs et le député écologiste Éric Alauzet, toujours actif sur ces sujets. Le vote est serré, mais la disposition passe et le gouvernement est battu – par vingt-quatre voix contre vingt-huit. J'indique immédiatement que le gouvernement demandera sur ce point une seconde délibération.

Le règlement de l'Assemblée nationale permet en effet au gouvernement d'exiger un deuxième vote sur certains éléments. Celui-ci se déroule à la fin de l'examen du texte. Cette procédure n'a rien d'exceptionnel.

1. Une façon de livrer à la vindicte populaire les entreprises qui pratiquent l'évasion fiscale.

Elle est utilisée pour revenir, préciser, compléter en fin de débat des points que le gouvernement souhaite corriger. La commission concernée a d'ailleurs aussi la faculté d'y faire appel.

Je demande alors à suspendre la séance. Il est 0 h 27.

« Rien à foutre du Conseil constitutionnel »

On a beaucoup fantasmé sur cette suspension de séance. J'aurais passé mon temps à faire le tour des députés pour les convaincre, et j'aurais même réveillé les absents pour qu'ils viennent voter ! La vérité est plus simple.

Je rencontre à la buvette Pascal Cherki et Éric Alauzet pour leur proposer un compromis. Je préconise plusieurs solutions : report de la date d'entrée en vigueur, abaissement du seuil des entreprises concernées… Et je rappelle – ce que je n'avais sans doute pas assez répété cette fois-là dans l'hémicycle – le fait que la censure du Conseil constitutionnel est probable.

Je me souviens d'une phrase de Pascal Cherki qui m'a lancé : « J'en ai rien à foutre du Conseil constitutionnel, moi, je fais de la politique ! »

Je tente également, en vain, de joindre le Premier ministre Manuel Valls sur son portable, pour obtenir son feu vert sur des solutions techniques allant dans le sens des opposants du moment. Je finis par parler avec sa directrice de cabinet, qui me confirme l'arbitrage défavorable et me donne toute latitude pour éviter que le gouvernement ne soit battu. Et, comme toujours dans ce type de circonstances, le responsable du groupe socialiste tente de rassembler ses fidèles.

La séance reprend à 1 h 10. Je présente ma seconde délibération, qui contient quelques autres points techniques, mais surtout propose d'annuler la disposition introduisant le CbCR public adoptée moins d'une heure plus tôt.

Cette fois, la majorité des députés se rallie à la position du gouvernement – vingt-cinq voix contre vingt et une. Certains parlementaires étaient partis, un ou deux autres revenus… La loi de finances rectificative est adoptée dans la foulée. Les vacances se rapprochent.

Cet épisode m'a valu d'être qualifié de soutien des fraudeurs, de défenseur des intérêts des grandes entreprises. Beaucoup ont dénoncé le manque de respect du Parlement. Les ONG, la presse et les réseaux sociaux ont repris en boucle cette fin de séance surprise. Cela m'a blessé, mais là n'est pas l'essentiel. La suite de l'histoire m'a donné raison.

Le petit reporting

En novembre 2016, le Parlement adopte la loi sur la transparence, la lutte contre la corruption et la modernisation de la vie économique, dite loi Sapin 2. Un article, validé cette fois-ci sans grande opposition du gouvernement – chat échaudé craint l'eau froide ! –, reprend la fameuse disposition du *reporting* public pays par pays (CbCR).

Le 8 décembre suivant, le Conseil constitutionnel la censure, sans surprise : « S'agissant de l'article 137 de la loi déférée qui instaure un *reporting* fiscal pays par pays, le Conseil constitutionnel a, dans le prolongement de sa jurisprudence antérieure, estimé que l'obligation faite à certaines sociétés de rendre publics des indicateurs économiques et fiscaux pays par pays est de nature à permettre à l'ensemble des opérateurs qui interviennent sur les marchés où s'exercent ces activités, et en particulier à leurs concurrents, d'identifier des éléments essentiels de leur stratégie industrielle et commerciale. Le Conseil constitutionnel a donc jugé que les dispositions de l'article 137 portent une atteinte disproportionnée à la liberté d'entreprendre et sont ainsi contraires à la Constitution. »

Tout ça pour ca !

Pascal Cherki et quelques autres ont fait de la politique. J'en ai payé le prix.

Cet exemple illustre l'une des difficultés trop souvent méconnues de celles et ceux qui rédigent les lois : la contrainte du Conseil constitutionnel. Que cette institution veille à la conformité des lois est une protection indispensable contre toutes les dérives totalitaires qui pourraient tenter les gouvernants. Sa composition et son fonctionnement interpellent toutefois : outre la présence diversement assurée des anciens présidents de la République, les membres du Conseil constitutionnel sont nommés par le président de la République en exercice, le président de l'Assemblée nationale et celui du Sénat. Le caractère politique de ces nominations est alors inévitable.

Or, le président de la République, le gouvernement et la grande majorité des parlementaires ont pour habitude de ne pas commenter et encore moins de remettre en cause ses décisions. Je confesse qu'il m'est plusieurs fois arrivé de le regretter… Car les décisions du Conseil sont sans appel, à la différence des autres instances juridictionnelles. Quelle institution, d'ailleurs, pourrait légitimement statuer après lui ?

À plusieurs reprises, j'ai eu la conviction que ses décisions étaient également influencées par des considérations extérieures : par exemple, sa validation de la curieuse exonération progressive de la taxe d'habitation – pour 80 % des Français – interpelle. Le président Macron a cru bon de préciser son intention d'aller au-delà – après 2020 – pour justifier ce montage baroque.

Mais les conséquences d'épisodes tels que celui du CbCR public sont désastreuses pour l'opinion, surtout lorsque le sujet concerne la lutte contre la fraude fiscale ou la corruption. Le contribuable lambda comme l'entreprise ordinaire en déduisent que la loi ou, pire, les politiques ne peuvent pas – voire ne veulent pas – défendre l'équité fiscale.

On attend toujours Juncker et Moscovici…

Il suffit de fréquenter les réseaux sociaux pour mesurer que ce type d'exemple jette le discrédit tantôt sur la classe politique, tantôt sur la politique tout court. Dans le même ordre d'idée, l'annulation de la taxe sur les dividendes, que Bruno Le Maire et Christophe Castaner, devenus respectivement ministre de Bercy et délégué général de LaREM, ont scandaleusement exploitée, en est une nouvelle illustration : le Conseil constitutionnel aurait pu, compte tenu de la somme en jeu et de l'évolution imprévisible de la jurisprudence européenne, laisser un délai de mise en conformité plutôt que de prononcer une annulation complète de la taxe.

Une solution simple existe pour éviter ce type d'avatars. Dans plusieurs domaines, des procédures permettent en amont d'appréhender la sécurité juridique des textes : ainsi, les contribuables – particuliers ou entreprises – peuvent par avance demander à l'administration fiscale des « rescrits » qui donnent formellement l'avis de l'administration sur leurs projets. De même, le gouvernement doit solliciter l'avis du Conseil d'État avant de déposer un projet de loi. Le Parlement, bien qu'il l'utilise assez peu, a la même faculté. Libre à tous ensuite de prendre le risque d'ignorer ces conseils.

Alors pourquoi ne pas instaurer la possibilité, quitte à l'encadrer pour éviter l'engorgement, de consulter le Conseil constitutionnel *avant* d'adopter les lois. J'ai connu des censures constitutionnelles qui m'ont très franchement surpris : sur le calcul du plafonnement de l'ISF, sur la réduction des cotisations salariales à l'Assurance maladie, sur la taxe à 3 % sur les dividendes...

Les décisions du Conseil constitutionnel peuvent aussi renforcer l'instabilité fiscale déjà mal comprise par nos concitoyens. Des règles instaurées et appliquées peuvent parfois être invalidées brutalement plusieurs années plus tard par un revirement de jurisprudence, entraînant même les régularisations à la hausse comme à la baisse des prélèvements sur les contribuables, et dans l'autre sens pour les comptes publics !

Une révision limitée de la Constitution serait donc la bienvenue pour créer cette procédure de « saisine a priori » du Conseil constitutionnel qui serait à mon sens d'une grande utilité pour préparer le Parlement et le gouvernement à légiférer avec plus de sécurité.

Cela permettrait aussi de mieux dialoguer avec les diverses ONG qui participent utilement à notre vie démocratique. Attac[1], Oxfam, CCFD et quelques autres ont régulièrement été des acteurs majeurs des débats fiscaux. Tant mieux, c'est une belle façon de populariser des sujets complexes, même si mes rencontres avec ces associations m'ont souvent montré le décalage entre leurs recommandations volontaristes et les contraintes juridiques qui les rendent souvent inopérantes.

1. Association pour la taxation des transactions financières et pour l'action citoyenne.

Mais le fait le plus marquant reste l'inefficience en la matière de la Commission européenne. Son président, Jean-Claude Juncker, et le commissaire aux Affaires économiques et monétaires, Pierre Moscovici, s'étaient engagés à produire une directive européenne dans le sens souhaité par les ONG. Les obstacles juridiques auraient alors été levés. Il n'en a rien été. La Commission n'a toujours pas proposé de directive à ce sujet. C'est donc mon gouvernement, le PS, le président Hollande et moi qui nous sommes retrouvés avec une casserole accrochée un peu vite à nos basques.

18

Optimisons…

À l'automne 2016, Olivier Sivieude, chef du contrôle fiscal de Bercy, me demande un rendez-vous. Il fait valoir ses droits à la retraite et souhaite courtoisement me saluer le jour de son départ. J'apprécie ce haut fonctionnaire, rigoureux, calme et posé, que j'ai côtoyé à diverses reprises pour évoquer son travail et celui de ses équipes, même avant d'être son ministre. C'est sans doute celui qui connaît le mieux les dossiers fiscaux sensibles de notre pays. Il quitte ses fonctions et sa parole devient plus libre.

Autour d'un café, après les civilités d'usage et l'évocation de quelques souvenirs communs, je lui pose la question qui me taraude :

« Olivier, maintenant que vous partez, que nous sommes seuls dans ce bureau, dites-moi ce qu'il faut faire pour avoir de meilleurs résultats ?

— Monsieur le ministre, vous nous avez déjà donné beaucoup de nouveaux moyens législatifs pour avancer…

— Mais justement, en parlant de moyens, nous avons contraint les effectifs de la Direction générale des finances publiques (DGFiP)... Pensez-vous qu'avoir plus d'agents permettrait de faire mieux ?

— Comme tous les chefs de service, j'aurais parfois apprécié d'avoir plus de moyens humains, mais là n'est pas l'essentiel...

— C'est-à-dire...

— Le nombre de mes fonctionnaires est un paramètre, mais leurs caractéristiques, leurs compétences, leur formation, c'est encore plus important !

— Mais vos agents sont pris chez les meilleurs !

— Bien sûr, mais le monde a changé... D'excellents contrôleurs d'il y a dix ans, capables d'éplucher une comptabilité de plusieurs mètres cubes de papier, sont aujourd'hui face à des données numérisées, qui sont de vraies mines d'or, mais qui se traitent par des algorithmes nouveaux qu'ils ignorent le plus souvent... C'est cent fois plus rapide et efficace que les contrôles dont ils ont l'habitude... Mais je compte peu d'agents à la DGFiP qui ont ces compétences dans le *data mining*[1], sachant recouper et exploiter les milliers d'informations que nous collectons un peu partout...

— Est-ce si difficile d'en trouver ?

— Il faut d'abord pouvoir les payer ! Sinon, naturellement, ils vont travailler de l'autre côté, avec des salaires cinq fois plus élevés, au moins ! Les cabinets d'audit, les cabinets de conseil, en France ou chez nos proches voisins, attirent toutes les compétences, et pas avec du vinaigre ! »

1. L'exploitation des données.

Cet échange, que ma mémoire approximative a sans doute éloigné du langage policé d'Olivier Sivieude, m'a beaucoup marqué. Il révèle l'un des obstacles les plus lourds qui pèsent sur nos services de lutte contre les évasions de capitaux.

Lutter contre la fraude fiscale est une priorité pour tout secrétaire d'État au Budget respectueux du pacte républicain et du rôle de l'impôt dans la construction d'une société juste et solidaire. Or, qu'a fait la majorité de gauche au gouvernement pendant cinq ans ? Quelle image en ont nos concitoyens ? Quelles mesures faut-il mettre en œuvre pour changer une situation qui, légitimement, interpelle la plupart des Français ?

Ces sujets m'ont obsédé pendant le quinquennat, comme parlementaire, ministre ou citoyen. Ils sont d'une complexité rare et font l'objet de caricatures grossières, qui minent la crédibilité de celles et ceux qui y travaillent, au premier rang desquels je me suis retrouvé.

Mon domicile n'est qu'à une vingtaine de kilomètres des grands cabinets d'audit situés au grand-duché de Luxembourg. Je connais leurs effectifs, les salaires pratiqués, le nombre et la nature de leur clientèle issue du monde entier – sûrement pas pour le climat.

Multiplier les filiales, les disperser, les cacher, les organiser, y transférer des capitaux avec ou sans cause réelle, dans le but principal de payer moins d'impôts, est devenu le sport national, que dis-je, international (!) de tellement d'entreprises conseillées pour cela par des officines qui s'attachent les compétences de juristes, de fiscalistes, d'informaticiens… quand ce n'est pas de quelques anciens fonctionnaires de la DGFiP !

Un nouveau sale tour du Conseil constitutionnel

Durant cette législature, le Parlement a adopté plus de soixante-dix mesures pour empêcher les abus, donner à l'administration les moyens légaux de redresser, renforcer les sanctions et accélérer les procédures.

Concernant les « abus de droit » – la zone grise entre ce qui est autorisé, l'optimisation fiscale, et ce qui est illégal, la fraude fiscale –, le Parlement a tenté de pénaliser les cabinets conseil ayant « vendu » à des clients des montages frauduleux, ou a minima de les obliger à les déclarer au fisc lors de leur mise en œuvre. Or, le Conseil constitutionnel a censuré les dispositions votées considérant que la notion de montage était trop floue…

Une fois de plus, le Conseil constitutionnel nous a joué un sale tour. À croire que sa réflexion est à sens unique et toujours en faveur des entreprises les plus immorales !

Nous avions décidé de publier sur le site de la Direction générale des finances publiques (DGFiP) ce que mon cabinet appelait « la carte des radars », par analogie avec les panneaux annonçant à l'avance aux automobilistes la présence des appareils qui pouvaient les flasher.

Le site de la DGFiP a publié régulièrement les différentes catégories de montages fiscaux qu'elle considérait et qu'elle considérerait à l'avenir comme relevant de l'abus de droit. En clair, les exemples qui engendreraient de sa part un redressement pour leurs utilisateurs. Ainsi, le contribuable ne pourrait pas se prévaloir de son ignorance, même si une officine peu scrupuleuse l'avait entraîné dans une aventure fiscale passible de poursuites.

Le Canard enchaîné du 11 janvier 2017 a cru bon de brocarder ces « dingos de Bercy qui donnent sur leur site des conseils pour frauder ! ». Il me semble au contraire que clarifier, sans présumer de la décision d'un juge, les montages que l'administration considère comme frauduleux est de nature à en réduire les usages et à ne pas prendre en traître des contribuables, particuliers ou entreprises... Parfois la presse est plus prompte à dénigrer qu'à comprendre et expliquer les enjeux.

Cinq milliards de plus

Les exemples fournis à l'opinion, les montants parfois avancés à la légère comme les ravages engendrés par les affaires Cahuzac, Thévenoud ou encore Balkany, ont davantage marqué les esprits que nos résultats engrangés, petit à petit, depuis 2012.

Personne ne retient que les montants annuels des redressements fiscaux ont dépassé les vingt et un milliards en 2015, soit près de cinq milliards de plus qu'en

2011 ! Cette même année, les cinq plus gros redressements d'entreprises ont représenté à eux seuls près de 3,4 milliards d'euros. Il s'agit là, bien entendu, de dossiers concernant de grandes multinationales. La création du Parquet national financier conduit maintenant à donner des suites pénales à ces grands dossiers, avec plus de célérité et de méthode.

Un travail considérable a été conduit par nos services. Reste à vérifier que les arcanes du droit international, les insuffisances des règles européennes et la virulence des officines qui vivent de l'optimisation fiscale ne fassent pas échec à la juste contribution réclamée.

Le secret bancaire a parallèlement pris fin avec la quasi-totalité des pays du monde, et bien sûr en Europe, sans que l'on mesure encore toutes les conséquences de cette évolution majeure. Le scepticisme sur la réalité de la fin du secret bancaire n'est pas dénué de fondement. Les journalistes de Cash Investigation, sur France Télévisions[1], ont parfaitement démontré que tout le monde peut créer une société « bien sous tout rapport » au Delaware. Comme en France ! En vertu de quoi l'interdirait-on ? Ce qui est à contrôler, c'est si les flux financiers sont justifiés et correspondent à une vraie prestation. C'est là que les difficultés et les contentieux commencent.

L'opinion est marquée par les exemples décrits par la presse qui viennent rappeler les « trous dans la raquette »

1. Voir notamment l'émission sur les Panama Papers du 28 février 2017.

que les fiscalistes décèlent et utilisent, quitte à se placer à la lisière de la fraude fiscale. Ces « trous dans la raquette » sont le plus souvent identifiés, mais les refermer suppose souvent des accords internationaux dont on dira en langage diplomatique qu'ils sont en voie d'amélioration, mais dont j'ai pu mesurer la lenteur à se concrétiser.

Le constat est malheureusement simple : Margrethe Vestager, commissaire européenne danoise, s'est illustrée en poussant Apple, Google et Amazon dans leurs retranchements. Jean-Claude Juncker ou encore Pierre Moscovici, eux, se contentent de faire promesses sur promesses dont on ne voit jamais le moindre aboutissement. Si l'intérêt du représentant du Luxembourg au *statu quo* est malheureusement évident, il va à l'encontre des intérêts français et de l'intérêt général. Pierre Moscovici est, à mon sens, bien trop complaisant.

Des hamburgers à fiscalité réduite

Une enseigne de fast-food bien connue, commercialisant ses produits dans le monde entier, impose à tous ses magasins de « remonter » un pourcentage de leur chiffre d'affaires vers la société mère, basée dans un pays à très faible taux d'imposition sur les bénéfices. Ce n'est pas interdit, sous réserve que ce transfert d'argent corresponde à une prestation dûment facturée : l'utilisation d'un brevet, des frais de publicité, de la recherche... Les fiscalistes, qui interposent encore d'autres sociétés-écrans pour brouiller les pistes, ont une imagination folle. Bien sûr ces transferts viennent réduire le bénéfice imposé en France, et donc l'impôt payé. Mais le contrôle fiscal devient alors trop difficile, voire juridiquement kafkaïen pour nos services. La société racontera que les filiales profitent de la marque, du logo, de l'image de la société mère, que cela se valorise, se paie… Elle fournira des rapports d'experts, contestera systématiquement les évaluations de la DGFiP, gagnera du temps, justifiera les transferts d'argent par une multitude d'arguments… Ceux-ci ne servent qu'à éteindre les bénéfices d'un côté pour qu'ils ne soient pas taxés, afin de les reporter dans un pays complaisant ayant une fiscalité ridicule où ils seront à peine grignotés.

Me revient en mémoire un montage de ce type que contestait, avec bien des vicissitudes, notre administration. Imprudente, et voulant en faire plus, cette société a doublé le pourcentage de royalties « remontées » pour économiser une partie de l'impôt. Le fisc a alors eu beau jeu de constater que, rien n'ayant changé dans l'organisation de ce groupe, le doublement des transferts déjà douteux à l'origine n'avait qu'un but fiscalement répréhensible.

D'autres pratiques sont tout aussi difficiles à contrer. Certains pays – comme le Luxembourg ou la Belgique – considèrent que les profits simplement financiers ne sont pas ou très peu soumis à l'impôt sur les bénéfices des sociétés, à l'inverse des dividendes perçus. La plupart des pays – parfois en en plafonnant les montants – considèrent en revanche que les intérêts payés lorsqu'une société emprunte sont déductibles de l'assiette de l'impôt sur les bénéfices.

Une grande entreprise, appelons-la *Mère*, ayant son siège dans le pays (pas si) imaginaire *Paradis*, et une filiale que nous appellerons *Fille* située en France. L'entreprise *Fille* fait des profits et réalise un bénéfice de 100 en France. Elle devrait payer de l'impôt en France – disons 30 pour simplifier – et pourrait ensuite verser à sa société *Mère* des dividendes – à hauteur de 70. La société *Mère* décide alors de prêter de l'argent à sa filiale *Fille* contre le versement de 100 d'intérêts. *Fille* n'a aucun besoin, mais réalise l'emprunt et s'acquitte des intérêts. Son bénéfice en France devient nul et elle n'y paie plus d'impôts. Certes, la société *Mère* ne reçoit plus les 70 de dividendes, mais encaisse 100 d'intérêts purement financiers non soumis à l'impôt au *Paradis* !

Je pourrais multiplier les exemples, il suffit de lire la presse pour en trouver d'autres.

Les reniements de Moscovici

Sur ce que j'ai eu à connaître, j'ai vite compris que la France seule ne pouvait pas être efficace – en tout cas dès que des flux financiers internationaux sont en jeu. La coordination entre les États est à l'évidence nécessaire et un préalable. Nous en sommes encore loin. Ne serait-ce qu'en Europe ! Le temps passé pour dresser une liste – imparfaite, de surcroît – des paradis fiscaux, les délais pour prendre des directives sur l'échange d'informations fiscales entre États ou sur le *reporting* public pays par pays en sont autant de preuves. Et ne parlons même pas de l'assiette commune de l'impôt sur les sociétés : la Commission a présenté une proposition détaillée en fin d'année 2016 seulement et les discussions sont loin d'avoir abouti, même si le processus vient récemment d'être réamorcé.

Mais les propos d'un ministre expliquant que sa difficulté à régler un problème provient de l'extérieur du pays sont inaudibles. Nos concitoyens pensent que celles et ceux à qui ils ont confié les responsabilités de gérer leur pays sont dotés du pouvoir absolu. L'échec du politique, même relatif, est pour l'opinion synonyme d'incapacité, voire de manque de volonté. Les propos populistes tenus ici et là, tant par les oppositions cherchant à tirer profit de tout que par les commentateurs adeptes du discrédit systématique, renforcent encore un peu plus ce sentiment.

Alors il faut dire clairement qu'en matière de lutte contre la fraude, l'Europe est loin d'avoir été à la hauteur, malgré quelques avancées. Des directives sont régulièrement annoncées et jamais finalisées. Des progrès ont été faits sur l'échange d'informations, et sur l'élimination des législations nationales de quelques situations facilitant l'optimisation fiscale – directive « anti-optimisation » de juillet 2016. Mais aucun progrès substantiel n'a été réalisé sur la question de l'harmonisation fiscale, qui s'est arrêtée à la TVA et aux droits d'accises[1], en dépit des propositions de la Commission.

Lorsque Pierre Moscovici était ministre des Finances du gouvernement de Jean-Marc Ayrault, face à nos demandes récurrentes de limiter les possibilités d'optimisation fiscale, il mettait régulièrement en avant la nécessité de traiter ces sujets au niveau européen. Plus tard, devenu commissaire européen, il n'a pas déployé beaucoup d'énergie pour vaincre les résistances exprimées par certains pays profitant du système... C'est une vraie et cruelle déception. C'est aussi une des raisons qui conduisent nos concitoyens à douter de l'Europe et des socialistes français.

On aurait pourtant bien besoin d'avancer sur ce sujet qui pourrait réhabiliter l'idée européenne. Or, les décisions sont prises à l'unanimité en matière fiscale. Un seul membre, quelle que soit sa taille, peut donc imposer le *statu quo* pour continuer à en profiter au détriment de l'équité et de l'intérêt général.

L'Europe avait trouvé dans la recherche de la paix motif à se construire. Et cela a fonctionné. L'Europe économique a pour l'heure apporté plus de contraintes que de satisfactions. L'Europe sociale reste lettre morte. Quant à l'Europe fiscale, elle est déficiente. Elle pourrait pourtant traduire une formidable ambition. Mais ses dirigeants actuels la condamnent à l'échec et aux inégalités de plus en plus flagrantes.

---

1. Impôt indirect perçu sur la consommation de certains produits.

19

La TVA, les féministes… et le panda de Brigitte Macron

Les lobbies, les syndicats et les associations me demandent constamment des rendez-vous que souvent j'évite. Au-delà de mon manque de temps, je souhaite avant tout préserver ma liberté de penser et d'agir. Mais il est normal d'entendre les arguments de tous, et mon cabinet y consacre du temps et m'en rapporte l'essentiel.

Fin 2015, un lundi matin, Maxime, un de mes conseillers, me rend visite, manifestement perturbé. Il a reçu quelques jours plus tôt un collectif féministe, Georgette Sand, qui plaide pour l'application du taux réduit de TVA de 5,5 % aux protections hygiéniques. Actuellement, ces produits sont assujettis au taux normal de 20 %. Or, il s'agit d'un produit de première nécessité pour les femmes, et de nombreuses personnes, notamment les plus démunies et les SDF, y renonceraient en raison de son coût.

Maxime est un garçon sérieux, et notre discussion est précise :

« J'ai passé une partie de mon week-end à travailler sur le sujet. J'ai écumé les supermarchés et les pharmacies pour connaître les prix et les taux de TVA, à la fois sur les tampons, les couches-culottes pour les bébés ou les incontinents, les préservatifs, la mousse à raser…

— Et alors ?

— Tout est à 20 %… La directive européenne ne parle jamais de produits de première nécessité, mais l'opinion publique retient à tort cette présentation reprise par les associations…

— Et concernant les tampons hygiéniques, que dit la directive ?

— L'application du taux réduit de 5,5 % est possible si l'État membre le vote. Certains l'ont fait, pas tous…

— Le faire en France ferait perdre combien de recettes ?

— Environ cinquante millions par an, d'après les services. Mais le risque de demande identique concernant les couches quadruplerait la somme. De plus, sur des prix unitaires aussi faibles, le risque de voir les vendeurs ne pas répercuter la baisse de TVA est manifeste… »

Je ne m'inquiète pas outre mesure, mais Maxime insiste :

« Monsieur le ministre, il faut que je vous prévienne…

— Quoi ?…

— Les membres du collectif Georgette Sand sont très remontées. Je leur ai parlé de la mousse à raser comme élément de comparaison, et elles se sont mises très en colère !

— Pourquoi ?

— Elles disent que cela n'a rien à voir, que les menstruations des femmes sont subies et que le rasage des hommes est choisi. Utiliser de la mousse à raser relève du confort et n'est pas de même nature que de se protéger de ses pertes de sang. Je me suis fait incendier... Faites attention ! »

La suite démontrera que j'aurais dû suivre les conseils de Maxime...

Toutes celles et ceux qui travaillent sur la fiscalité sont confrontés aux mêmes questions qui animent depuis longtemps des débats quasiment philosophiques : la fiscalité doit-elle tenir compte des comportements des citoyens, ou doit-elle être conçue de la meilleure des façons, si possible indolore, pour remplir les caisses de l'État ?

Durant ces années passées au Parlement ou à Bercy, j'ai eu à me poser cette question à de nombreuses reprises.

Les pièges de la TVA

Durant notre quinquennat, nous avons notamment instauré la taxe carbone que le gouvernement Fillon avait échoué à mettre en place. Il est certainement plus sain de taxer les activités qui sont les plus polluantes, et particulièrement les émissions de gaz carbonique. Nous avons, dans le même ordre d'idée, prolongé les dispositifs de bonus-malus pour l'acquisition des véhicules plus propres, en fonction de leur degré de pollution.

Baisser le niveau de TVA appliqué à un produit est de nature à baisser son prix de vente et donc à faciliter sa commercialisation. Mais c'est aussi la tentation pour les entreprises de ne pas baisser le prix de vente et donc d'augmenter leurs marges ! On oublie que la TVA est payée par l'acheteur final, que les entreprises n'en sont que les collecteurs, et qu'elles ne versent que la différence entre la TVA qu'elles encaissent et celle qu'elles paient !

Alors, à chaque texte financier, à l'Assemblée nationale ou au Sénat, en première ou en seconde lecture, je dois répondre aux mêmes amendements, concernant les mêmes sujets, portés par des parlementaires alimentés par les mêmes lobbies. Bois de chauffage, travaux de rénovation, presse en ligne, véhicules propres, eau potable, transports de voyageurs, biocarburants, tarifs des billets d'entrée des zoos, des grottes, des musées, des expositions, des parcs à thème… J'ai entendu cent fois les mêmes arguments. Le plus utilisé : baissez le taux de TVA de moitié, le secteur verra son activité doubler et les recettes seront identiques, mais avec plus d'emplois. Si c'était aussi simple…

Je me suis souvent penché sur la question des salariés à domicile qui exercent les métiers de services à la personne. Réduire les cotisations sociales dissuade de payer « au noir » et engendre des pertes de recettes. Mais ne pas appliquer les cotisations introduit des distorsions de concurrences injustes. Le bon équilibre est à rechercher, et ce n'est pas facile.

Sur la TVA, outre la diversité des situations, la complexité de son application est considérable : concernant les plats préparés, une instruction d'une trentaine de pages est en vigueur. La notion de « sur place » ou « à emporter » est aujourd'hui connue et à peu près maîtrisée, jusque dans les principaux fast-foods, même si les contrôles sont quasiment impossibles. La salade vendue sous blister en supermarché, agrémentée de sa sauce, est taxée différemment suivant son accompagnement, avec ou sans couverts. De même, la canette de jus de fruit change de taux de TVA quand on lui rajoute une paille ! Ces distinctions nous avaient valu, sous le quinquennat Sarkozy, des débats épiques.

De l'art de se faire mousser... et de s'enfoncer

À l'Assemblée, nous abordons justement la série d'amendements sur les taux de TVA. Mystérieusement, l'ordre du jour a placé en première position l'amendement sur les produits d'hygiène féminine. Il est présenté et soutenu par Catherine Coutelle, peu rodée aux débats budgétaires, mais présidente active de la Délégation aux droits des femmes de l'Assemblée. Dans le pays, une campagne s'est développée sur le thème : « Supprimons la taxe tampon ! »

Je cherche à être rigoureux et précis, expliquant que cette baisse de TVA n'engendrera pas une baisse automatique du prix de vente. Catherine Coutelle insiste sur le fait que le tampon hygiénique est un produit de première nécessité. Un argument qui porte.

Or, je commets une première erreur en donnant un cadre trop général à ma réponse, avant de cabotiner un peu, beaucoup :

« Nous entamons une série d'amendements que nous avons l'habitude d'appeler des “marronniers”. Nous allons parler des tarifs du bois de chauffage, de la TVA sur les billets d'entrée dans les grottes, dans les zoos… sujets qui reviennent régulièrement. Mais l'an dernier nous avons réformé la TVA, et on ne peut changer de pied tous les ans… »

Cette entrée en matière déchaîne aussitôt les commentaires sur les réseaux sociaux et même dans la chronique très écoutée de Sophia Aram sur France Inter…

Du genre : « Comment ? Il faut être un homme pour comparer les tampons hygiéniques avec les grottes ou le zoo ! »

Puis je commets une autre erreur, malgré les avertissements de Maxime. Je compare l'achat – obligatoire – de tampons pour les femmes avec celui de la mousse à raser – facultatif – pour les hommes.

J'ai ainsi droit, à juste titre, à toutes les railleries et tous les déchaînements de Georgette Sand et de bien d'autres associations féministes. Sur les réseaux sociaux, on me menace même de balancer des tampons usagés dans ma boîte aux lettres, ou sur les murs de ma maison…

Ma défense sur mon blog marque ma troisième erreur. J'y dévoile que mes trois filles me font plus confiance pour ce type d'achat que mon épouse. J'avais envie de montrer ma connaissance du sujet. Hors sujet et déplacé !

L'amendement de Catherine Coutelle est finalement repoussé de justesse par l'Assemblée. Mais le Sénat l'adopte. J'en suis presque soulagé ! En seconde lecture, à l'Assemblée, personne ne se risque à y revenir. Surtout pas moi…

Finalement les tampons se voient appliquer une TVA réduite. Je ne sais pas si elle est répercutée dans les prix. Il est toujours difficile d'évaluer les effets sur les prix d'une baisse de la TVA. J'ignore également si cette décision a fait progresser la situation des femmes vivant dans la rue, souvent évoquée par les défenseurs de la mesure.

Très affecté par cette affaire, cela m'a servi de leçon. Des sujets peuvent enflammer l'opinion, quand un ministre, trop sûr de lui, tient des propos inadaptés à la sensibilité des personnes concernées.

La revanche du panda

J'ai aussi régulièrement reçu quelques amicales pressions pour baisser le taux de TVA sur les billets d'entrée des zoos, dont celui de Beauval, dans le Loir-et-Cher. François Hollande lui-même s'était rendu dans la région, quelques ministres avaient été approchés et des députés revenaient systématiquement à la charge. J'avais, pour toujours les mêmes raisons, réussi à résister, même si l'enjeu financier était faible. Mais faire une exception en entraîne souvent d'autres et le lobbying sur ces questions est permanent.

En août 2017, la naissance à Beauval de Yuan Meng, bébé panda si mignon, met fin au suspense. Brigitte Macron en devient la marraine en décembre… L'anniversaire du nouveau président, fêté à Chambord, a été l'occasion d'une visite du couple présidentiel au zoo de Beauval, situé à proximité.

C'est ainsi qu'en dernière minute, le 19 décembre 2017 au soir, en toute dernière lecture du tout dernier texte financier de l'année, les députés acceptent de réduire le taux de TVA sur les zoos avec l'avis favorable du gouvernement. Curieuse coïncidence…

Faire de la politique, c'est fixer des priorités. La situation du zoo de Beauval mérite l'attention du gouvernement. Mais ce n'est pas une priorité à satisfaire en vitesse, dans la nuit, à l'Assemblée. Cela ressemble à un cadeau fait à ses amis, ou plutôt à son épouse. Ce n'est ni le rôle de la loi, ni celui du président.

20

Le melon de Darmanin

Le 7 mai 2017, Emmanuel Macron est élu président, et Édouard Philippe désigné Premier ministre le 15 mai. Il est temps pour moi de faire place nette.

En fin de mandat, un ministre fait ses cartons. Au sens propre comme au sens figuré. Depuis quelques jours, j'emballe, je jette, je débarrasse… Les pots de remerciement s'égrènent, avec les huissiers, les douaniers, les secrétaires, les chauffeurs, les officiers de sécurité, le personnel de l'appartement, des cuisines… Je sais l'instant particulier, mais il était attendu. Attendu d'abord dans le sens prévu. Attendu aussi dans le sens espéré. Trois ans de Budget, ça vous rince un homme, même un costaud de Lorraine.

Un ministre reste en fonction jusqu'à la nomination de son successeur. C'est une période particulière. J'expédie les affaires courantes. De temps en temps un parapheur arrive, nécessitant quelques signatures de routine. Le cabinet fait relâche. Les conseillers baguenaudent, jouent aux cartes au milieu des cartons.

Nos quelques biens personnels ont quitté l'appartement de Bercy pour rejoindre la Lorraine. Il n'y reste que quelques affaires de toilette et du linge de rechange. Laurence est encore là ce lundi, soucieuse d'être à mes côtés lors de la passation de pouvoir traditionnelle. La nomination du nouveau gouvernement est attendue pour le lendemain, un mardi. Nous devrions donc pouvoir rentrer chez nous le mardi soir, une fois le nouveau ministre installé.

De l'opportunisme en politique

En ce début d'après-midi ensoleillé du lundi, nous allons tous les deux marcher un peu dans le quartier. Ce n'est pas folichon, mais mieux que de ruminer en tournant en rond dans les bureaux vides et aseptisés de l'Hôtel des ministres. Mon Smartphone annonce que la nomination du gouvernement est reportée d'une journée. Officiellement, c'est pour passer « au scanner » la situation judiciaire et fiscale des entrants. Les affaires autour de Richard Ferrand, François Bayrou et quelques autres montreront que ces prétendues investigations n'auront servi à rien.

Et, connaissant les choses de l'intérieur, je sais que l'administration peut faire très vite. La vraie raison – et c'est toujours comme ça – est davantage liée aux négociations et à l'ajustement des équilibres politiques qui prennent plus de temps que prévu…

Je propose alors à Laurence de nous éviter une dernière nuit à Bercy. Le TGV Est permet de rejoindre Metz en une heure et demie. Nous dînerons et dormirons enfin à la maison et je reviendrai seul tranquillement le lendemain matin pour attendre mon successeur et lui donner les clefs. Laurence est tout sourire, et nous filons à la gare, soulagés de quitter cette ambiance pesante.

Je me retrouve donc le lendemain dans le bureau du 5e étage pour une dernière journée.

En milieu de matinée, Gilles Carrez m'appelle gentiment. Ses appels sont peu fréquents mais toujours justifiés. Député de droite, rapporteur général – avant moi – à la commission des finances de l'Assemblée, Gilles en assure la présidence depuis 2012. Nous nous connaissons bien et nous nous estimons au-delà de nos opinions politiques. Nous avons eu les mêmes difficultés, savons le travail colossal que nécessitent nos fonctions et mesurons l'ingratitude envers celles et ceux qui font souvent le « sale boulot ».

L'appel de Gilles Carrez n'est cette fois pas motivé par nos relations de travail. Il me dit simplement son respect pour mon engagement sans relâche à mon poste. Il m'assure penser à moi et à la difficulté de ces derniers moments. Je le sais sincère et désintéressé, ce qui est assez rare en ce moment.

À la fin de cet échange amical, je lui demande s'il a des informations sur la personne qui pourrait être nommée au Budget. Il me confie alors avoir le matin même appris de bonne source – à droite, donc – que Gérald Darmanin prendrait ma place. Un SMS d'Émilie, mon attachée de presse, évoque aussi cette hypothèse circulant parmi les journalistes.

Les bras m'en tombent. Gérald Darmanin n'a jamais été à la commission des finances. Je ne me souviens pas l'avoir entendu dans un débat budgétaire. Il fait partie, dans mon souvenir, des jeunes francs-tireurs classés parmi les plus à droite. Ancien directeur de campagne du sulfureux Christian Vanneste, il a un jour osé le pire en qualifiant Christiane Taubira de « tract ambulant pour le Front national ».

À 15 heures, mon cabinet est au complet dans mon bureau pour écouter l'annonce de la composition du gouvernement. Bruno Le Maire remplace Michel Sapin et Gérald Darmanin sera bien ministre du Budget. Deux ministres issus du principal parti de droite seront à Bercy. Ainsi en a décidé le nouveau président.

« Le roquet a appelé ! »

J'exprime ma surprise devant mes collaborateurs, puis je souhaite la réussite du pays afin d'éviter l'avènement de Marine Le Pen.

Je monte immédiatement d'un étage pour envisager, avec Michel Sapin, le déroulement des passations de pouvoir. Michel me lance derechef : « Le roquet a déjà appelé ! » J'hésite et ne comprends pas bien. « Qui ? Darmanin ?… »

Michel me confirme avoir reçu, deux minutes plus tôt, un appel de Darmanin pour convenir de l'heure et des conditions de la passation des pouvoirs. Michel lui a répondu de voir cela avec moi… Logique : Le Maire remplace Sapin, et Darmanin Eckert.

Michel Sapin a toujours été pour moi un ministre attentionné. Bien d'autres secrétaires d'État m'ont confié avoir été méprisés par leur ministre de tutelle – y compris à Bercy ! Michel, lui, m'a constamment laissé beaucoup de latitude, m'a fait profiter de son expérience ministérielle et de sa proximité avec François Hollande et a pris soin d'avoir avec moi des échanges directs, francs et amicaux.

Là, Michel est embarrassé… « Darmanin ne veut pas de passation avec toi… Il est ministre et tu n'étais *que* secrétaire d'État… Il en fait un fromage ! »… Un « melon » plutôt ! Les vexations commencent tôt en Macronie… Mais Michel m'indique avoir refusé les exigences de mon successeur. Sapin accueillera Le Maire et Eckert Darmanin.

Je réponds à Michel de faire pour le mieux, que tout cela m'indiffère – je n'ai qu'une idée en tête : quitter Paris et retourner chez nous – et lui demande seulement de faire vite afin que j'attrape le dernier train…

À 15 h 30 environ, Gérald Darmanin m'appelle. Quand même… Après mes félicitations républicaines, il me fait part de son problème protocolaire et me sonde sur mes intentions… « Tu comprends, je suis ministre de plein exercice, tu ne l'étais pas… » Je lui rétorque que cela m'est égal – en langage plus épicé… –, qu'il se mette d'accord avec Michel Sapin et Bruno Le Maire et que je m'adapterai sans susceptibilité, quitte à partir sans tambours ni trompettes.

Une heure plus tard, Michel Sapin me fait état des négociations en cours : Darmanin exige que Michel Sapin soit là et prononce deux mots d'accueil avant de me passer la parole pour le traditionnel discours de passation. Michel n'a rien «dealé» sans connaître mon avis. Je lui confirme que je n'en ai rien à f… et que seule compte pour moi la possibilité de me rendre à temps à la gare de l'Est.

Nous procédons ainsi. L'honneur est sauf, et le nouveau ministre est accueilli par un homme de son rang tout en écoutant le discours de celui qui l'a précédé. L'entretien traditionnel entre les ministres se déroule à trois. Nous y échangeons quelques banalités convenues sur les réformes en cours, la situation budgétaire et l'ambiance sociale dans le ministère. Gérald Darmanin nous glisse des choses gentilles, tout le contraire de ce qu'il fera après… Bienvenue en Macronie.

Ce type de comportement m'insupporte. J'ai cherché durant mon parcours politique, aux différents postes que j'ai occupés, à garder la tête froide. Devant les honneurs qui m'étaient rendus, j'ai plus éprouvé de gêne que de plaisir. J'ai souvent éconduit mon officier de sécurité, soucieux de porter moi-même le cartable d'écolier qui ne me quittait jamais. Quand Manuel Valls me voyait débouler dans son bureau, il me disait en plaisantant : «Attention, tu vas encore l'oublier en partant !» C'est arrivé, en effet, plusieurs fois !

Voir ce jeune et tout frais ministre, indépendamment de sa curieuse évolution politique, faire d'entrée de jeu des histoires pour si peu m'a choqué au plus haut point. Comme un signe avant-coureur de la suite de son comportement.

Une ancienne de Goldman Sachs nommée à la Caisse des dépôts

Deux mois plus tard, sur mon portable, une secrétaire du ministre me demande si elle a bien Christian Eckert au bout du fil. Je le lui confirme et m'attends à ce qu'elle nous mette en relation. Elle me remercie et me dit avoir voulu simplement vérifier que mon numéro personnel était inchangé, au cas où le ministre voudrait me parler ! Cela n'est évidemment jamais arrivé. Il a beaucoup parlé de moi, mais jamais avec moi. Cela ne me manque pas.

Depuis mon retour, il reste bien des cartons rapportés de Bercy que je n'ai pas encore déballés. J'ai repris une activité auprès de la rectrice de mon académie qui m'a chargé de travailler sur la coopération franco-luxembourgeoise en matière d'enseignement. J'assure aussi tous les lundis deux heures de cours à Sciences Po Paris.

J'avais également été sollicité spontanément par le gouverneur de la Banque de France pour entrer au conseil général de cet organisme. Une dizaine de réunions par an, sans réel salaire, mais Laurence y avait travaillé et j'avais quelques connaissances sur les sujets bancaires. Le président de l'Assemblée nationale, François de Rugy, devait nommer quelqu'un pour pourvoir un poste devenu vacant. Ma lettre de motivation et mon CV, « malgré leur indéniable qualité, n'ont pas permis de retenir cette candidature ».

J'ai encore tenté ma chance dans les mêmes conditions pour convaincre François de Rugy de me nommer au Conseil de surveillance de la Caisse des dépôts et consignations (CDC). Là aussi, pour un temps partiel et une modeste indemnisation.

Avec François de Rugy, nous avons partagé les mêmes bancs de l'Assemblée nationale pendant sept ans. À l'époque, à la tête du Parti écologiste avant de rejoindre le PS, il n'avait de cesse d'être au moins aussi à gauche que moi. J'avais, avec la loi Eckert, procuré quatre milliards de quasi-fonds propres à la CDC. François de Rugy a signé pour la seconde fois une lettre type de refus, agrémentée néanmoins d'un chaleureux « Cher Christian » manuscrit.

François de Rugy a préféré désigner à ce poste Mme Joanna Hislop, ancienne de Goldman Sachs et aujourd'hui « associée fondatrice » du fonds de *private equity* Apera Capital, spécialiste d'opération de LBO[1], domicilié à Guernesey et au Luxembourg. Gageons que cette nouvelle arrivante saura éclairer la Commission de surveillance en matière d'optimisation fiscale…

Comme quoi, si l'ascenseur social est en panne, le renvoi d'ascenseur, lui, fonctionne encore très bien en Macronie.

1. *Leveraged buy-out*, achat à effet de levier. Financement d'acquisition par l'emprunt.

21

Un écosystème faussement vertueux

Début 2018, plusieurs socialistes attachés à la survie de notre parti ont pris des contacts avec moi. Stéphane Le Foll, Najat Vallaud-Belkacem, Olivier Faure et d'autres m'ont sollicité, tantôt pour un avis, tantôt pour un conseil. Najat m'a fait part de son interrogation sur sa vie personnelle et a décidé de rester en dehors de la vie politique. À son âge, légitimement, elle devait faire un choix. Je le comprends et le respecte, avec une pointe de regret. J'ai soutenu Olivier Faure dont je connais les qualités, le sens des responsabilités et la volonté de renouvellement.

Ce tournant de mon parti me redonne envie de politique, de débats et d'utopie. Je ne sais pas si j'y aurais un rôle autre que celui de simple militant que j'ai toujours eu à cœur de conserver. Je n'ai pas encore décidé.

Je suis convaincu que le Parti socialiste a un impératif majeur, c'est celui de se moderniser et de travailler sur les sujets de ce siècle : révolution numérique, intelligence artificielle, « ubérisation » de l'économie, avenir de l'emploi salarié, partage des richesses et du travail, transition énergétique et protection de la planète, laïcité et place des religions, aide humanitaire et développement du monde, accueil des migrants … Autant de sujets à regarder sans oublier nos valeurs traditionnelles et intangibles, mais avec un œil d'aujourd'hui résolument tourné vers l'avenir.

Hamon a été le seul, mais…

Pendant la campagne présidentielle, l'affaire Fillon et le dégagisme ambiant ont escamoté la plupart de ces sujets fondamentaux qui auraient pourtant dû être au cœur du débat public.

Je ne suis pas fan de Benoît Hamon. Je l'ai soutenu et ai voté pour lui car il a gagné les primaires de la gauche organisées par mon parti politique, parti auquel j'ai été et je reste fidèle.

Benoît Hamon a été le seul à aborder un sujet essentiel qu'il a sans doute mal présenté et auquel sa réponse a probablement été trop théorique. Il a dit de façon brutale que les emplois allaient se raréfier. Il en a déduit que le revenu universel était la réponse à cette évolution.

Il a commis une double erreur, même s'il a soulevé ce qui me semble devoir être le sujet majeur des prochaines années.

La première erreur a été d'affirmer que le nombre d'emplois diminuait. Le nombre d'emplois en France continue à augmenter, et même un peu plus vite que la population active, dans une phase de baisse du taux de chômage depuis 2016. En juin 2017, l'Insee relevait qu'en un an, le nombre d'emplois salariés avait augmenté de 300 000, pour atteindre vingt-cinq millions au total.

Benoît s'est autorisé à prévoir la baisse du nombre d'emplois. C'est risqué d'être aussi affirmatif et péremptoire sur l'avenir, surtout sur un sujet aussi anxiogène et sans regarder si d'autres pays partagent cette analyse.

La seconde erreur est d'avoir d'emblée considéré que la réponse était le revenu universel, avec en plus quelques reculades sur le périmètre et le coût qui ont aussi déstabilisé nos concitoyens. À l'heure où les discours sur l'assistanat ont tant d'échos, y compris dans les milieux qui ont le plus besoin de solidarité, proposer une transition aussi brutale vers le revenu universel a eu l'effet contraire à l'objectif.

J'ai beaucoup réfléchi et tenté d'agir autour de ce sujet. J'en ai tiré une présentation que j'ai testée auprès de différents auditoires avec, me semble-t-il, un écho plus encourageant.

Tout d'abord, on peut faire un constat que nos concitoyens ne peuvent plus mettre en cause. Sans trancher sur l'évolution du nombre d'emplois, il est aisé de reconnaître que les mutations économiques et comportementales modifient la forme des emplois. L'intérim et les contrats courts explosent pour adapter le potentiel des entreprises à des marchés de plus en plus volatils.

De plus, la multiplication des plateformes numériques bouleverse les modèles. La relation entre employeur et salarié s'efface au profit d'une relation entre un client et un prestataire. Pour un chauffeur Uber, il n'est pas évident que la plateforme soit un employeur. Y être référencé n'est pas formellement un contrat de travail. Les jurisprudences se construisent, au gré des contentieux et des juges saisis, dans une confusion qui n'honore pas une société censée accompagner les mutations plus que les subir.

L'exemple d'Uber, tout emblématique qu'il est, est loin d'être unique. On trouve aujourd'hui des offres pour toutes les prestations sur Internet : cela va de la restauration et du logement, aux travaux ou services à domicile. Et cela met en évidence une série de questions, dont le grand public fait à tort l'amalgame.

Travailler vieux pour vivre moins bien

Les plateformes gagnent de l'argent, souvent délocalisé, et ne payent que peu ou pas d'impôts sur les bénéfices réalisés en France. C'est évidemment scandaleux, mais renvoie à une question plus large concernant l'optimisation fiscale des multinationales, notamment dans le domaine du numérique.

Les prestataires qui trouvent leurs clients via les plateformes en tirent un revenu, qui n'est pas toujours déclaré au fisc. C'est source d'inégalité entre des personnes pratiquant la même activité sous une forme différente. Cette question a été en grande partie résolue en donnant à l'administration fiscale par la loi la possibilité d'obtenir de façon exhaustive les données fiscales à vérifier. Encore fallait-il distinguer les vrais revenus – type Uber – du partage de frais – type BlaBlaCar – ou des différents niveaux d'utilisation d'Airbnb…

Plus importante encore est la question du statut de ces revenus, et de leur assujettissement aux cotisations sociales. La cotisation sociale est perçue comme une contrainte. On oublie qu'elle ouvre des droits, à la retraite, à l'assurance maladie, à l'assurance chômage… Qu'en sera-t-il d'une personne gagnant sa vie chez Uber une fois que l'âge ou la maladie l'empêchera de poursuivre son activité et donc d'avoir des revenus ? Je n'évoque même pas ici le droit de grève ou les droits à la formation des salariés.

Lors d'un voyage aux États-Unis, j'ai été frappé de voir des octogénaires travailler dans des commerces, rangeant des marchandises :

« Pourquoi travaillez-vous à votre âge ?

— Pour survivre, mon gars ! »

L'Angleterre ou l'Allemagne semblent prendre le même chemin. Le président Macron et sa majorité veulent-ils nous amener là aussi ?

Mes enfants utilisent régulièrement Uber, vont en vacances en réservant sur Airbnb et viennent en Lorraine en louant souvent des véhicules sur des plateformes d'échange.

« Pourquoi utilisez-vous ces services ?

— Papa, c'est beaucoup moins cher, ça fonctionne super bien, et on ne peut pas se payer le taxi, l'hôtel ou même le train ! »

L'économie dite numérique va donc incontestablement se développer. Vouloir lutter contre ça est une hérésie. Il faut néanmoins y mettre un peu d'ordre.

Macron et le moins d'impôt numérique

Ayant la charge des comptes publics, j'ai eu des échanges avec le ministère de l'Économie sur ces questions. Les contacts entre nos cabinets ont été nombreux. Du côté de chez Macron, les partisans de la libéralisation totale veulent un monde numérique sans impôts, sans cotisations sociales, sans droits ni obligations. En face, nous souhaitons défendre l'équité au-delà des différentes façons d'exercer une activité. Emmanuel Macron comme ses collaborateurs ont toujours eu le même discours : d'une part, l'économie numérique est une formidable source de croissance et de création de valeur ajoutée. D'autre part, elle constitue un écosystème vertueux où il serait fou d'introduire la moindre règle.

Si la première affirmation est incontestable, la seconde, sur la forme comme sur le fond, a été une ligne de fracture entre les différents étages de Bercy. Le mot « écosystème » me semblait réservé à des phénomènes plus naturels. Mais passons sur la forme. Les vertus de cet écosystème ne m'apparaissent pas évidentes. Les propriétaires de taxis payant leurs licences pour exercer en face de chauffeurs libres qui les concurrencent en faisant la même prestation l'ont légitimement dit.

On présente les cotisations sociales comme des charges. Pourtant, le salaire brut contient du revenu différé (la retraite) et des primes d'assurance (maladie, chômage...). La tendance du moment à se focaliser sur le salaire net est dangereuse. Comme si un automobiliste ne comptait pour chiffrer le coût de ses déplacements que le seul coût du carburant. Son véhicule doit être de temps en temps réparé, devra être un jour remplacé, peut subir ou causer des dommages et doit donc être assuré pour cela.

J'ai en mémoire les propos des professionnels de l'hôtellerie me rapportant leur déception de la saison liée à l'Euro 2016. Les supporters venus en nombre ont plus utilisé Airbnb – souvent sans déclaration fiscale – autour des stades que les structures existantes supportant les impôts et les cotisations sociales appliquées aux salaires du personnel. Les artisans déjà confrontés au statut bâtard des autoentrepreneurs se retrouvent en face de prestataires plus ou moins déclarés sur Internet pour leur faire une concurrence déloyale...

Ce statut d'autoentrepreneur, inventé sous l'ère Sarkozy, a été une première dérive que la gauche à son arrivée aurait dû supprimer. Durant ma campagne de 2012, je rencontre le patron d'une petite PME de ma circonscription :

« Alors, Bruno, comment vont les affaires dans la construction ?

— Pas mal, et les autoentrepreneurs, ça me va bien…

— Ah bon, je croyais que les artisans et les PME en souffraient ?

— Ben moi, j'avais un salarié qui ne faisait que le traitement des charpentes. Je l'ai licencié, il a touché le chômage, s'est mis autoentrepreneur, a acheté des pinceaux et des produits… Il travaille pour moi comme avant et je le paie à la tâche, sur commande. Tout bénef…

— Mais… Bruno… Il a d'autres clients ?

— Sûrement pas, il dépasserait le plafond ! Alors on s'arrange… »

Les pressions du marché contre notre modèle social

Et puis, indépendamment des questions d'équité et de juste concurrence entre les différentes formes d'exercice du même métier, la question du financement de l'ensemble du système de protection sociale se pose. Les salaires et les revenus d'activité des indépendants étant l'assiette des cotisations et de la CSG finançant nos régimes sociaux, l'érosion de cette assiette nécessiterait de se reporter sur d'autres ressources – comme la TVA déjà partiellement affectée à la Sécurité sociale, la CSG, les impôts sur les revenus ou les bénéfices… Depuis les tentatives de TVA sociale vite avortées, les débats sur les recettes des budgets sociaux ne sont pas assumés ! Ils sont pourtant d'une importance politique majeure.

C'est même bien pire que cela : le choix est fait de façon insidieuse, sans le dire, sans argumentation sérieuse, sans débat démocratique. Même si le Medef d'aujourd'hui et le président Macron en sont les principaux acteurs, reconnaissons qu'ils ne sont pas des pionniers dans ce domaine. Depuis un demi-siècle, tous les gouvernements, de gauche comme de droite, ont pratiqué des allègements de cotisations sociales. Pourquoi pas... La compétitivité-coût de nos entreprises soumises de plus en plus à la concurrence internationale le justifiait probablement.

Mais cette évolution du financement de la protection sociale, que la gauche comme la droite ont pratiquée, n'est pas de mon goût. Elle ébranle les fondations de la Sécurité sociale : le principe de gestion paritaire en associant les partenaires sociaux, le principe assurantiel qui ouvre les droits en contrepartie de la cotisation, le principe de l'adhésion obligatoire qui permet la pérennité du financement solidaire que bien des pays du monde nous envient.

Les sommes manquant ainsi aux recettes des budgets sociaux ont été plus ou moins compensées, un jour par des fractions de TVA, un jour par des affectations d'impôts à la Sécurité sociale – taxes sur les alcools et le tabac, taxe sur les salaires... À tel point d'ailleurs que les tuyaux reliant entre eux les budgets de l'État et des organismes sociaux deviennent incompréhensibles pour tout le monde.

Ainsi, l'une des premières décisions du président Macron a été de réduire des cotisations salariales et d'augmenter parallèlement la CSG. La grande « bascule » qui prévoit de remplacer en 2019 le crédit d'impôt compétitivité emploi (CICE) par des allègements de cotisations sera une étape de plus vers la fin du lien entre le salaire et la protection sociale. Là encore, pourquoi pas. Mais parlons-en, mesurons les avantages et les inconvénients de chacune des options… Emmanuel Macron acte de la fin du principe de l'assurance sociale obligatoire assise sur le salaire, sans clairement donner de vision claire du substitut.

La réponse de Benoît Hamon à l'évolution des métiers était le revenu universel. C'est un objectif à terme, mais sans doute à préparer par des étapes intermédiaires. J'avais préconisé d'avancer sur quelques pistes plus pragmatiques, en unifiant et simplifiant les différentes allocations existantes.

Des fiches peu visibles

L'administration s'est vu par ailleurs doter par la loi d'un droit de communication très large sur les revenus des utilisateurs des plateformes. Un progrès important pour redresser ceux qui « oublient » de remplir correctement leurs déclarations de revenus. Mais nous avons voulu aller plus loin : obligation a été inscrite dans la loi d'informer les utilisateurs des plateformes de leurs obligations déclaratives, que ce soit en matière d'impôts ou en matière de cotisations sociales. Ainsi, nous avons aussi confectionné des fiches techniques, mises en ligne, pour guider les contribuables dans les méandres des situations particulières à chaque activité.

La réalisation de ces fiches a été un long chemin de croix pour nos équipes, et pas seulement parce que c'était un travail difficile. D'abord, il fallait mettre ensemble cinq ministères : les Affaires sociales pour les cotisations, l'Économie par nature concernée par le secteur, le Numérique évidemment, le Commerce et l'Artisanat et enfin le Budget pour la partie fiscale. Avec le ministère des Affaires sociales, les nombreuses difficultés techniques ont été traitées. Le ministère de l'Économie s'est manifestement défaussé et a renvoyé sur ses deux secrétariats d'État. Ma collègue Martine Pinville, toujours adorable et constructive, a compris les objectifs et l'intérêt de donner à son secteur traditionnel des gages d'équité. Les équipes d'Axelle Lemaire, secrétaire d'État au Numérique, ont cherché et trouvé divers prétextes, souvent de forme, pour retarder voire empêcher toutes les démarches en cours.

Après plus de six mois de tergiversations, sur les maquettes des fiches à mettre en ligne, la couleur et la taille de leurs caractères, le niveau de diffusion, Martine Pinville et moi avons enfin publié dans l'indifférence générale une tribune commune pour communiquer un peu.

En allant sur différents sites, j'ai constaté que l'accès aux fiches techniques est la plupart du temps très peu visible, les rares fois où il est mis en ligne.

Considérer que les échanges permis par les plateformes constituent un « écosystème vertueux » est selon moi extrêmement dangereux. Si des personnes en tirent des revenus, quelquefois suffisants pour en vivre, cela se fait pour elles avec une insécurité considérable.

L'économie numérique est une chance pour tous et elle est appréciée notamment par les plus jeunes générations. Il faut l'encourager et l'aider à se développer. Et pour cela, il faut lui donner un cadre réglementaire. Plus on attendra pour le faire, plus les habitudes et les zones de non-droit se seront développées et plus grandes seront les difficultés à y remédier.

Le quinquennat de François Hollande a sur ces questions manqué d'audace, même si des progrès ont été faits pour s'adapter à ce nouveau contexte. Emmanuel Macron a pesé pour que l'audace consiste à ne rien faire, à laisser faire…

C'est ce type de sujet qui me motive à poursuivre mon engagement politique : pérenniser les droits sociaux dans un contexte économique nouveau, c'est un formidable défi pour les générations futures.

22

La victoire du prélèvement à la source

Depuis mon départ du gouvernement et mon échec aux législatives, je continue d'avoir des contacts avec François Hollande. Nous soulignions, dans une conversation récente consacrée à l'ouvrage qu'il publie juste avant moi[1], combien le gouvernement actuel s'emploie à défaire en quelques mois ce que nous avions fait en cinq ans. Le prélèvement à la source en est un exemple, même si, là, le report a heureusement été préféré à la suppression.

Lorsqu'au printemps 2015 le président Hollande, sans prévenir, annonce la mise en œuvre de cette mesure, j'en suis satisfait car j'ai toujours plaidé en sa faveur. Rendre l'impôt contemporain des revenus évite les ruptures de trésorerie des contribuables, et se révèle beaucoup plus juste.

1. *Les Leçons du pouvoir*, Stock, 2018.

Escalader l'Himalaya fiscal

Mais j'en suis aussi un peu effrayé, connaissant l'ampleur du travail à conduire. Une fois fini le marathon budgétaire de fin 2015, dès janvier 2016, nous entamons ce que j'appelais familièrement avec mes équipes « l'ascension de l'Himalaya ».

Une « task force » est constituée au sein de l'administration, une méthode et un calendrier mis au point : chaque lundi après-midi, Michel Sapin et moi, des membres de nos cabinets et de l'administration examinons et arbitrons un des points clefs du dossier. Tranchés si nécessaire par Michel Sapin et moi, ces choix sont présentés pour validation à l'Élysée et Matignon au cours de la semaine qui suit, et on passe… au camp de base suivant !

Sont ainsi progressivement réglées les questions des revenus fonciers, des travailleurs indépendants, des crédits d'impôts, de l'année blanche, des particuliers employeurs, des changements de situation familiale, des dons aux associations…

Pendant ce temps, je rencontre la France entière ou presque.

Je vois d'abord mes collègues ministres principalement concernés : Stéphane Le Foll pour les agriculteurs, Jean-Yves Le Drian pour les militaires, Laurence Rossignol pour les différences femmes/hommes, Marylise Lebranchu pour la fonction publique, Myriam El Khomri pour les organisations syndicales des salariés,

Marisol Touraine pour la cohérence avec les cotisations sociales, Emmanuel Macron en charge des entreprises. J'appréhende un peu cette dernière rencontre. Emmanuel Macron s'est toujours montré réservé sur le sujet. Pourtant, devant nos deux directeurs de cabinet, il se révèle parfaitement conciliant : « Je n'ai aucun problème avec ça, vas-y, les entreprises s'adapteront… Maintenant, si on pouvait leur faire un petit geste, genre crédit d'impôt, ça serait bien, mais ce n'est pas un souci… »

Je sais que les personnels et les syndicats des fonctionnaires de Bercy sont par nature opposés à cette réforme. Bercy pense qu'une de ses missions – le recouvrement – finira par lui échapper. Je crains donc la résistance des chefs de service et des directeurs. Il n'en est rien. Si les hauts fonctionnaires de Bercy savent souvent montrer leur force, ils sont aussi profondément attachés à réussir les missions que leur confie le pouvoir politique. Le président de la République avait parlé, ils allaient s'exécuter. Je reçois une par une, puis toutes ensemble, les organisations syndicales de la maison. La pédagogie est difficile. Je répète inlassablement que la Direction générale des finances publiques est au centre du dispositif. Sans être complètement convaincus, les personnels de Bercy finiront par admettre que leur administration n'est pas menacée, ce qui fera baisser la pression. La mise en place de moyens supplémentaires pour assurer la transition y contribuera aussi.

D'autres parties prenantes sont concernées, notamment au sein du monde économique, et je multiplie les échanges avec eux, souvent plusieurs fois : les experts-comptables, les éditeurs de logiciels de paie, les chefs d'entreprise – le Medef comme les autres –, les DRH, les syndicalistes agricoles, les associations d'assistantes maternelles, les représentants des professions indépendantes, la Fédération des particuliers employeurs, les représentants des Restos du Cœur et de plusieurs associations caritatives, les professionnels de l'immobilier… J'écoute beaucoup, rassure aussi, convaincs le plus souvent. Chaque cas particulier trouve réponse. La directrice de la Législation fiscale a fait, avec ses équipes, et bien sûr avec mon cabinet, un travail de bénédictin.

Mon tour de France du prélèvement

J'entame aussi un véritable tour de France du prélèvement à la source. Nos réflexions nous ont convaincus que la réussite de cette réforme passera via son appropriation par les contribuables et les entreprises chargées du prélèvement. Je fais une douzaine de déplacements partout dans l'Hexagone, pour animer des tables rondes, entendre les craintes, tant des agents que des contribuables, et anticiper les bugs possibles. Ces rencontres de terrain ont été formidablement instructives pour mes équipes et moi. On dit souvent que les ministres sont trop enfermés dans leurs bureaux. C'est en partie vrai… Casser cette réalité m'a permis d'adapter mon propos aux préoccupations concrètes des Français.

Il fallait néanmoins traiter toutes les questions juridiques et constitutionnelles de la démarche. Pour cela, nous déposons début juin 2016 au Conseil d'État un projet de texte relatif au prélèvement à la source en l'avertissant qu'en fait, ce texte sera intégré au projet de loi de finances fin septembre. Ainsi, le Conseil d'État disposera du temps nécessaire à l'examen détaillé du texte, et pourra apporter ses précieux conseils que nous suivrons le plus souvent.

Le projet de loi de finances pour 2017 intégrera donc, conformément à la commande du président, un article entier afin de faciliter la mise en œuvre du prélèvement à la source au 1er janvier 2018. Il sera adopté sans grand changement fin 2017, malgré une opposition finalement mesurée de la droite au Parlement.

La gestion technique de la réforme, celle de la formation des personnels ou de l'adaptation des systèmes informatiques, ne nous avait pas échappé. Depuis début 2016, la DGFiP met en place une organisation très structurée et tient systématiquement le même discours : c'est serré, mais possible ! Le système d'information est en cours d'adaptation, des milliers d'agents entrent en formation, des tests sont prévus pour l'été 2017. Les entreprises représentatives sont choisies pour faire ces essais à blanc.

Une réforme plus égalitaire

Cette réforme, j'y tiens car elle met fin à bien des anomalies de notre système fiscal :

aujourd'hui, on paie en 2018 les impôts dus au titre de ses revenus de 2017. Si entre-temps, on a perdu ou cessé son emploi, pris sa retraite ou réduit son temps de travail, on paie un impôt qui ne tient pas compte de la baisse de ses revenus et la trésorerie est difficile ;

aujourd'hui, si on a eu un enfant en 2017, la demi-part ou la part fiscale supplémentaire ne fera effet qu'en septembre prochain. C'est aussi le cas d'un mariage ;

aujourd'hui, on paie le 15 du mois un dixième de son impôt alors qu'avec le prélèvement à la source, c'est un douzième prélevé sur le salaire ou la pension chaque fin de mois seulement.

Mais un événement a lieu… L'élection présidentielle intervient entre-temps. Même si Emmanuel Macron s'était montré favorable au projet, son élection risquait de tout remettre en cause. Et ça n'a pas loupé… Le président Macron, nouvellement élu, s'est très vite exprimé sur le sujet pour critiquer le vote des parlementaires :

« Il faut aussi comprendre l'impact que ça aura pour nos concitoyens, psychologiquement : parce que vous allez recevoir votre feuille de paie, où votre salaire, optiquement, aura baissé. »

La mauvaise blague de Macron

Après quelques jours de confusion, on a compris que la nouvelle majorité souhaitait différer d'un an l'entrée en vigueur du dispositif. Officiellement parce qu'il faut faire des tests, et qu'un bug n'est jamais exclu… Cet argument montre la suspicion, ce mépris du Nouveau Monde par rapport à l'Ancien. Bien sûr, les choses étaient parfaitement prêtes, preuve en est qu'un an plus tard, le gouvernement remet en route le projet dans une version quasiment identique à celle votée fin 2017.

En réalité, le Nouveau Monde souhaite mettre en évidence sur la fiche de paie l'augmentation des revenus nets d'une partie des salariés causée par la réduction de certaines cotisations salariales combinée à une augmentation de la CSG début 2018. Si le prélèvement à la source de l'impôt sur le revenu – qui réduit sur la fiche de paie le salaire net versé – était mis en œuvre en même temps, il leur serait difficile d'y voir clair.

Avec le recul, Emmanuel Macron a commis là une erreur : les salaires de janvier ont connu des majorations très faibles qui sont passées complètement inaperçues. Par contre, la hausse de la CSG a été durement ressentie par les retraités… La mise en œuvre en janvier du prélèvement à la source aurait rendu la hausse de la CSG moins visible en couplant les deux mesures, qui d'ailleurs concernent à peu près les mêmes personnes. Cette erreur a de plus ouvert le débat sur le pouvoir d'achat qui vaut au président bien des déboires.

Nos successeurs ont jeté le doute sur la qualité du travail exemplaire que nous avions conduit avec minutie et précision. Je ne compte pas dans ce travail, mais les agents de Bercy ont été exceptionnels. Ils ont eu comme seul défaut d'avoir été cornaqués par des ministres n'ayant pas fait allégeance à La République en marche.

Huit mille heures de travail, quarante-quatre informaticiens réquisitionnés, dix-sept réunions aux quatre coins de la France, tous les ministères concernés, pour quel résultat ? Ils appellent ça l'alternance, le besoin de modernité…

Avant de quitter Bercy, j'ai réuni autour d'un verre la centaine de fonctionnaires ayant ciselé ce qu'on nous prétendait inabouti. C'était au moment où le report par le nouveau gouvernement se confirmait sous la plume d'Édouard Philippe :

« S'agissant de l'argent des Français et des recettes de l'État, je ne veux pas m'engager dans cette réforme sans avoir la certitude que, techniquement, tout se passera bien. »

Ce fut un moment d'émotion pour tous et de tristesse pour moi. Dans un propos improvisé d'une bonne demi-heure, j'évoquais en détail cette ascension de l'Himalaya effectuée ensemble, dont nous constations la remise en cause sans vraie raison.

Depuis, heureusement, malgré quelques micro-modifications, le prélèvement à la source a été confirmé par le Parlement, avec cette fois un démarrage au 1er janvier 2019.

On aura perdu un an et nos successeurs en revendiqueront la paternité. Mais le pire, sa suppression, aura été évité. On mesurera vite combien cette réforme majeure marquera l'histoire fiscale de notre pays. Le prélèvement à la source, au moins, aura résisté à l'acharnement des macroniens à détruire les modestes acquis du précédent quinquennat.

23

Dézingué

Personne ne nous a demandé d'explications. La presse a reçu le rapport de la Cour des comptes avant les principaux « accusés ». Contrairement aux usages, cette noble institution ne m'a pas adressé de rapport provisoire pour que je réagisse. Depuis ma province, sans équipe autour de moi, sans rapport détaillé sous les yeux, je dois répondre à cette mise en scène soigneusement préparée au plus haut niveau. La manœuvre est grossière, humiliante, mais fonctionne. On est dans la communication macroniste, dans ce qu'elle a de plus abject ou subtil. Tout dépend de votre situation…

Une fois dégagé aux législatives, je ne m'attendais pas à me retrouver dézingué ! Et pourtant…

La Cour… des comptes à régler

Mon ancien collègue ministre, devenu président, et ses amis, ex-camarades parlementaires devenus ministres, se sont comportés comme des goujats. Je n'aurais jamais imaginé que ces femmes et hommes, dont la plupart avaient un jour revendiqué avec moi des valeurs de gauche, se comportent de la sorte.

Après les critiques injustes sur notre prétendu amateurisme quant au prélèvement à la source, fallait-il qualifier nos prévisions budgétaires d'insincères ?

Tous les gouvernements veulent connaître un état des lieux précis des finances publiques lors de leur arrivée au pouvoir. La présentation des comptes publics peut donner lieu à quelques imprécisions, parfois volontaires. Elles peuvent aussi être la conséquence de la variation au fil de l'année des indicateurs macroéconomiques – croissance, nombre d'emplois, inflation… Ces phénomènes courants modifient les recettes comme les dépenses. Une hausse de 0,1 point de la croissance augmente quasi mécaniquement de un milliard les recettes. Mais ce qui vaut dans un sens vaut bien sûr dans l'autre.

La Cour des comptes, que l'on considère comme le juge de paix indépendant en la matière, est donc appelée à réaliser pour le gouvernement un audit publié fin juin 2017. Cela n'a rien d'exceptionnel, un rapport annuel sur la situation et les perspectives des finances publiques est publié chaque année à cette date par la Cour. Apprécier ce travail et surtout l'interpréter nécessite de revisiter le calendrier budgétaire.

Le projet de loi de finances pour 2017 est adopté en Conseil des ministres fin septembre 2016. Il est établi à partir des données macroéconomiques connues au mois d'août 2016. Il est voté par le Parlement fin décembre 2016. En juin 2017, la Cour travaille donc sur un document budgétaire préparé à peu près un an plus tôt, et s'exprime sur un exercice qui n'en est qu'à la moitié de son exécution. Elle produit ses prévisions pour la fin de l'exercice 2017, dont les résultats définitifs en comptabilité nationale ne seront d'ailleurs connus qu'en mars 2018, avec la faculté d'être encore ajustés ultérieurement par l'Insee ! Ceci devrait donc conduire à un peu plus d'humilité aussi bien parmi les acteurs politiques que parmi les magistrats de la rue Cambon.

Mes chèques en bois

J'ai suivi trois exercices budgétaires et eu en juin 2014, 2015 et 2016, à comparer la vision du milieu de l'année en cours avec la prévision budgétaire correspondante. À chaque fois, les risques de dépassement du déficit prévu pouvaient atteindre quatre à cinq milliards. À chaque fois, Michel Sapin et moi avons pris les mesures nécessaires pour les compenser, en annulant des crédits, revoyant des recettes, utilisant la « réserve de précaution » du budget de l'État... À chaque fois, nos prévisions ont été globalement tenues...

Pour toutes ces raisons, lorsque, fin juin 2017, le premier président de la Cour des comptes Didier Migaud parle d'insincérité des comptes publics, j'en suis aussi étonné que blessé. D'autant que le Premier ministre et nos successeurs à Bercy en assurent le service « après-vente ».

Édouard Philippe y va ainsi de sa sentence : « Nous héritons d'un dérapage de huit milliards d'euros. C'est inacceptable. »

Tout est prétexte pour programmer des économies brutales en cours d'année, la faute à ces prédécesseurs ayant « signé des chèques en bois »…

Gérald Darmanin, lui, découvre la vraie vie de Bercy et s'empresse d'annoncer le blocage des salaires et le retour du jour de carence en cas d'arrêt maladie pour les fonctionnaires… Il convoque des États généraux des comptes de la Nation, l'occasion pour lui de dérouler le tapis rouge de Bercy à Didier Migaud, qui peut enfin s'afficher triomphant au cœur du ministère des Finances, ce dont il était frustré depuis longtemps…

Les fins limiers de la Cour des comptes

Le Parlement s'émeut, et la commission des finances émet le souhait de nous entendre. Enfin ! Jamais encore nous n'avions pu nous expliquer.

Éric Woerth, le nouveau président de la commission des finances de l'Assemblée, m'appelle et me propose d'être auditionné avec Michel Sapin. Rien ne nous y oblige, mais c'est pour nous important de répondre positivement.

Cette audition, forcément technique, ne change pas grand-chose, la déferlante de la communication des premiers jours a trop durablement marqué les esprits.

Personne parmi les fins limiers de la Cour des comptes ne souligne que nos prévisions de recettes étaient fondées sur des chiffres de croissance et de masse salariale particulièrement prudents. Dès juin 2017, il était acquis que les recettes – TVA, cotisations sociales… – seraient largement supérieures aux prévisions et contribueraient à tenir facilement les objectifs de déficit sous les 3 % du PIB en 2017 !

Les comptes de l'État pour 2017 publiés mi-janvier 2018 ont d'ailleurs parfaitement validé mes affirmations de l'été. Mais personne ne s'intéresse aux bonnes nouvelles.

L'audit – téléguidé – de la Cour des comptes devait donc servir à faire passer la pilule des efforts demandés un peu partout : le gel des crédits militaires – ce qui a provoqué la démission du Chef d'État-major des armées (CEMA) –, la baisse du nombre de contrats aidés, la suppression de crédits soutenant l'investissement des collectivités locales et enfin une autre économie que l'on a voulu une fois encore nous mettre sur le dos – la baisse de cinq euros des aides personnalisées au logement (APL).

C'est le ministre de la Cohésion des territoires, ayant la charge désormais de ce domaine, qui s'y colle. Fin septembre 2017, afin de réaliser près de trente-cinq millions d'euros d'économie par mois, on rabote toutes les APL de cinq euros.

Or, face à la polémique qui enfle, le Nouveau Monde prétend que cette mesure aurait été décidée par le gouvernement précédent. Je n'en ai pas le souvenir… J'appelle donc Emmanuelle Cosse, l'ancienne ministre du Logement, pour confronter mes souvenirs avec les siens. Le coût des APL est toujours difficile à cerner. Il dépend du nombre de bénéficiaires, qui, lui-même, varie selon le niveau de revenus. Il évolue également selon le niveau des loyers, certes stable depuis peu, mais contrasté d'un secteur à l'autre. Sur dix-huit milliards de crédits, on peut ainsi vite avoir quelques centaines de millions d'écart par rapport aux prévisions. Ce poste est d'ailleurs traditionnellement abondé en fin d'exercice en mobilisant la réserve de précaution du budget de l'État.

Les mensonges de la Macronie

Mais lors des débats budgétaires au Parlement, ni Emmanuelle Cosse ni moi n'avions évoqué une telle mesure. Bien que figurant régulièrement dans les propositions de la direction du Budget, nous n'avions pas l'intention de mettre en œuvre cette réduction uniforme et injuste des APL. Refusant d'assumer leur choix idéologique, c'est pourtant ce qu'affirmeront les ministres d'Édouard Philippe.

Devant la commission des finances de l'Assemblée, Gérald Darmanin – qui n'en est pas à un mensonge près – déclare le 12 juillet : « La baisse des APL a été votée par la précédente majorité. […] Nous prendrons les mesures votées par le Parlement. » L'ennui, c'est que le Parlement n'a jamais voté une telle mesure, comme le rappelle Emmanuelle Cosse : «Cela n'a rien à voir avec les mesures prises en 2016.»

La loi de finances pour 2018, si besoin était, dissipera les derniers doutes sur la destruction méthodique des mesures budgétaires et fiscales que le gouvernement précédent avait mises en place.

Après le report du prélèvement à la source, l'audit surexploité, la baisse des APL mise à notre compte, le budget des riches, l'affaire de la taxe à 3 % sur les dividendes a été le couronnement d'une année de «dézingage» systématique. Évalué bizarrement à dix milliards d'euros, intérêts compris, le remboursement de cette taxe aux entreprises l'ayant acquittée, résultant d'une décision du Conseil constitutionnel, mérite de s'y arrêter un moment.

En 2012, contrairement à la majorité actuelle, nous n'avions que peu exploité politiquement l'audit des finances publiques par la Cour des comptes. Il y avait pourtant matière à le faire, notamment dans la surestimation des recettes. Mais la vulnérabilité de l'euro en 2012, le fait que la France était citée comme un pays fragile juste après les pays du Sud, et la volonté de rassurer autant les Français que les marchés financiers, dont nous avions besoin, sont les principales raisons qui nous ont dissuadés de le faire.

Les besoins de recettes, plus rapides à faire que les économies surtout en milieu d'année, étaient importants. J'ai pour habitude de dire qu'en 2012, nous avions les huissiers à la porte.

Le candidat Hollande s'était engagé à inciter les entreprises à réutiliser leurs bénéfices plutôt qu'à verser des dividendes. Générer des recettes, en tenant en plus cet engagement, a été une des raisons de la création mi-2012 de la taxe à 3 % sur les dividendes distribués.

Deux hommes à abattre

Ladite taxe est validée par l'Élysée où rien de la fiscalité des entreprises n'échappe au secrétaire général adjoint Emmanuel Macron, présentée au Conseil d'État et adoptée par le Parlement. Ce n'est que quelques années plus tard que les avocats fiscalistes obtiendront du Conseil d'État qu'il saisisse la Cour de justice de l'Union européenne, puis le Conseil constitutionnel. La Cour de justice a fait évoluer sa jurisprudence dans un sens imprévisible en 2012, par une décision de mai 2017. Le Conseil constitutionnel en a élargi la portée en prévoyant une application immédiate.

Il était alors facile pour les actuels ministres de Bercy de parler d'abord et de se renseigner ensuite ! « Amateurisme fiscal, erreur, fiasco… », tous les qualificatifs sont bons pour discréditer les ministres d'avant… Une enquête de l'Inspection générale des finances (IGF) est donc diligentée pour trouver les coupables. Pourquoi ne pas avoir commencé par là, avant de lancer des noms d'oiseaux sur le duo Sapin-Eckert ?

L'enquête de l'IGF, sans surprise, ne cite pas notre ancien collègue Emmanuel Macron ! Mais elle reconnaît qu'en 2015 les questions juridiques ont commencé à se poser et va même jusqu'à remettre en cause la défense du gouvernement d'Édouard Philippe devant le Conseil constitutionnel ! Il se dit d'ailleurs que le Conseil constitutionnel n'aurait pas été complètement informé de l'ampleur des conséquences financières de sa décision. Peut-être aurait-il alors demandé une mise en conformité rapide plutôt qu'une annulation.

Une fois de plus, la communication initiale à charge des ministres aura été terriblement efficace. Nous traiter sans preuves d'incapables est de nature à accentuer la coupure entre le peuple et la classe politique. Non pas que toute critique, même sévère, soit interdite. Mais elle doit être étayée, construite, et se passer de l'invective et de la caricature.

Cette alternance aurait pu se passer autrement. L'acharnement de la nouvelle majorité à l'encontre de l'ancienne confirme qu'Emmanuel Macron et ses troupes avaient depuis longtemps préparé l'éviction du président Hollande et des siens. Ces derniers, dont je fais partie, n'auraient jamais imaginé tant de machiavélisme. Encore une erreur.

À droite toute !

Début 2018, les cérémonies de vœux sont nombreuses. Dans le Pays-Haut, j'en ai fréquenté quelques-unes. Les rencontres avec les gens sont toujours sympathiques. Tous disent me regretter, ceux qui n'ont pas voté pour moi… et même ceux qui n'ont pas voté du tout !

Je rencontre un ami chef d'entreprise, qui me dit sa joie de pouvoir changer son SUV français contre un Porsche Cayenne, certes d'occasion, à la suite de la suppression de l'impôt sur la fortune (ISF). Un peu plus loin, les fonctionnaires territoriaux de la ville s'inquiètent du gel des salaires dans la fonction publique et de la compensation de la hausse de la CSG. Arrivant près d'un couple de retraités enseignants qui m'ont toujours soutenu, j'entends que la hausse de la CSG leur fait perdre environ 1 000 euros par an. Le maire de la ville accueillante me confie que le contrat de financement du Pays, que j'étais venu signer sur place au nom de l'État, est remis en cause par le préfet. Un chirurgien de l'hôpital voisin me dit son inquiétude de voir l'établissement perdre sa maternité, sa chirurgie voire les urgences, et se transformer en hôpital gériatrique… Je me souviens de mes combats sur ces dossiers.

Derrière un budget, il y a des femmes, des hommes et des territoires…

Défaire avec méthode ce que nous avons construit

Pour un gouvernement et sa majorité, le vote du budget est un acte majeur. Bien sûr d'autres décisions sont importantes, donnent des signes politiques forts, mais c'est bien la loi de finances initiale (LFI) qui traduit les choix fondamentaux et les priorités retenues.

La LFI 2018, votée fin 2017, et les textes financiers connexes qui l'accompagnent présentent deux caractéristiques majeures que les éléments de langage tardivement mis en place par LaREM évitent de pointer : demi-tour… à droite !

Il a souvent été reproché à François Hollande, y compris par ses propres amis, de ne pas avoir fait de « révolution fiscale ». Et pourtant… Nous avons redonné du corps à l'ISF que Nicolas Sarkozy avait vidé de sa substance, nous avons créé une tranche d'imposition à 45 % pour les revenus élevés, nous avons abaissé le plafonnement du quotient familial qui ne profite plus aux plus aisés, nous avons réduit le cumul des niches fiscales et, surtout, nous avons aligné l'imposition des revenus du capital au même barème que celui sur les revenus du travail. Toutes ces réformes correspondaient à des mesures de solidarité fiscale, sans aucun doute de gauche.

En quelques mois à peine, la plupart de ces dispositifs ont été supprimés par la nouvelle majorité En marche. La « nouvelle » façon de faire de la politique, affichée pourtant comme un dogme intangible, a eu pour conséquence, comme quasiment à chaque alternance, de défaire avec méthode ce que le précédent gouvernement avait construit.

Outre des choix fiscaux résolument favorables aux plus fortunés, la fin de l'année 2017 a consisté, sans l'assumer clairement, à mettre en œuvre ce dont François Fillon et AXA avaient eux-mêmes rêvé avant de l'édulcorer : une profonde transformation du financement, voire de l'existence de la protection sociale.

Les cotisations sociales sont payées par les salariés ou leurs employeurs en prenant comme assiette les salaires. Elles permettent ainsi à chacun d'être assuré – pour la maladie, par exemple – ou d'obtenir des revenus différés – la retraite. Les remplacer systématiquement par une autre forme de contribution, avec une assiette différente et un taux uniforme – en l'occurrence de la CSG – est pour le coup une vraie révolution, qui pourrait modifier en profondeur le principe même de la Sécurité sociale. Et si l'étape suivante consistait à baisser ensuite la CSG et à laisser chacun se tourner individuellement, suivant ses possibilités, vers le secteur privé assurantiel qui attend cela avec gourmandise depuis des années ?

Un virage ultralibéral

La transformation en allègement des cotisations sociales des employeurs – près de vingt milliards par an ! – du crédit d'impôt compétitivité emploi (CICE) perçu aujourd'hui par les entreprises est la confirmation de cette intention. Cette « bascule », comme on l'appelle à Bercy, votée fin 2017, représentera une année double de dépense budgétaire. Elle risque aussi de faire des perdants sauf à créer, dans certains cas comme en Outre-mer, des cotisations sociales négatives ! Enfin elle coupera le lien entre l'employeur et les droits sociaux de ses salariés, tournant le dos aux fondements mêmes de la Sécurité sociale à la française !

Là encore, le demi-tour est patent et dissimulé par des artifices grossiers. L'augmentation du salaire net sur la fiche de paie (pour certains), compensée par des hausses de taxes et d'impôts (pour tous), est présentée comme la volonté de reconnaître la valeur travail. C'est bien entendu une façon de stigmatiser encore un peu plus les « inactifs assistés » qui seraient la cause de toutes les difficultés du pays.

Faire demi-tour n'est pas par nature condamnable. S'il s'agit de revenir sur des erreurs antérieures, c'est même indispensable. Mais les revirements opérés fin 2017 prennent tous la même direction : à droite toute !

La transformation de l'ISF en impôt sur la fortune immobilière (IFI) en est une première et flagrante illustration. Là encore, l'habillage est astucieux. Il s'agirait de sortir de l'assiette de l'ISF les valeurs mobilières pour inciter à investir en actions et doper l'économie. Pourquoi pas… De nombreux dispositifs existent déjà, et auraient pu être amplifiés… Mais l'appétit vient en mangeant.

Ce qui n'est pas dit, c'est que le nouvel « ersatz » d'ISF exempte également les liquidités et l'épargne réglementée de toute contribution. Il en va ainsi de l'assurance-vie – 1 500 milliards environ, excusez du peu… – dont les avoirs sont d'ailleurs rarement investis en actions, malgré les modestes évolutions que nous avons imposées lors d'une réforme a minima. Le très puissant lobby de l'assurance a là réussi un coup de maître. En matière d'impôts et de droits de succession, les avantages fiscaux du secteur sont déjà très importants. Si les patrimoines « ordinaires » en assurances-vie n'étaient pas assujettis à l'ISF, après la dernière loi de finances, tous les avoirs en seront maintenant exonérés, ce qui à l'évidence est d'un point de vue éthique une aberration.

Passé par Bercy et le secteur financier privé, Emmanuel Macron ne peut ignorer le cadeau fait au secteur de la finance et de l'assurance. Pour moi, l'IFI a remplacé l'ISF pour cette seule raison.

Certains en seront ravis :

nous l'appellerons Monsieur Fortuné investisseur judicieux. C'est un des patrons français qui ont réussi. C'est un actionnaire avisé qui a peut-être eu pour conseiller la banque où a travaillé le nouveau président. L'outil de travail n'est pas considéré comme imposable sur la fortune. Ainsi, Monsieur Fortuné dirige une entreprise dont il possède les actions pour une valeur de plus de un milliard d'euros. Il ne paie pas d'ISF sur ce patrimoine, considéré comme son outil de travail. C'est la règle. L'âge avance, la succession doit se préparer, Monsieur Fortuné vend ses actions et quitte la direction de l'entreprise. Il se retrouve avec un milliard d'euros sur son compte en banque. Le malheureux doit alors acquitter l'ISF sur cette somme et s'en émeut auprès de toute la République, au point que son cas atterrit sur mon bureau. Pensez donc, une quinzaine de millions au plus qui va rogner les intérêts générés par son milliard, on est proche de la spoliation ! D'autant que le pauvre Monsieur Fortuné, il le jure, s'apprête à réinvestir dans l'économie réelle tout ou partie du fruit de son labeur. La jurisprudence lui accorde d'ailleurs quelques délais non négligeables pour le faire en suspendant l'ISF, mais il lui faut plus de temps.

Grâce à la récente réforme, Monsieur Fortuné comme ses semblables n'auront plus ce genre de contrariété. Tous pourront laisser cet argent dormir et fructifier sur des comptes rémunérés non risqués, en France ou ailleurs, sans payer d'ISF, exactement le contraire de l'objectif affiché par le gouvernement et sa majorité ! Si on a jusque-là épargné d'ISF l'outil de travail, l'intérêt économique pouvait s'entendre. Supprimer l'ISF sur les liquidités n'a aucun sens économique, et pourrait bien produire l'effet contraire de celui annoncé.

Le deuxième marqueur de droite est l'institution de la « flat tax » sur les revenus du capital. Une taxation forfaitaire, uniforme et non progressive, incluant impôts et cotisations sociales de façon « libératoire » et pour solde de tout compte. On l'applique aux dividendes, au plus-values, aux intérêts… et on est « libéré » d'impôts et de cotisations. Les plans d'épargne en actions (PEA) permettaient déjà aux « petits » actionnaires d'échapper largement à l'impôt sur les revenus des actions – dividendes, plus-values… Sans remettre en cause cette possibilité et bien d'autres exonérations existantes – par exemple, les revenus des livrets, les reventes de sociétés au moment du départ en retraite… –, nous avions décidé de globaliser, dans l'assiette de l'impôt sur le revenu, ceux issus du travail et ceux issus du capital.

Des économies… pour les riches

Ainsi, le couple de contribuables dont les revenus du travail imposables dépassaient 300 000 euros – excusez du peu ! – était imposé sur tout revenu supplémentaire – comme les dividendes de ses actions ou les plus-values de ses cessions – à un taux de 45 %. La flat tax du président Macron ramène ce taux à 12,8 %, c'est-à-dire moins que celui appliqué à des revenus légèrement supérieurs au smic ! Les éléments de langage fournis aux députés LaREM font référence à la théorie du ruissellement, qui se résume à peu près à l'idée simple suivante : « Arroser les plus riches finira par faire tomber quelques gouttes sur les plus modestes ! »

La mise en place de cette flat tax est le jackpot pour les gros patrimoines. Elle vient se rajouter à la dénaturation de l'ISF. Ceux qui, de bonne foi, reprochaient à François Hollande l'absence de révolution fiscale peuvent aujourd'hui faire des comparaisons. J'espère qu'ils auront des regrets.

En fouillant un peu dans les articles des textes financiers de fin 2017, on trouve aussi quelques autres pépites réservées à des superprivilégiés :

par exemple, un nouvel allègement de la fiscalité sur les actions gratuites. Verser du salaire, c'est générer des impôts et des cotisations sociales sur ces revenus. Remplacer une partie du salaire par un don d'actions gratuites, c'est, compte tenu des nouvelles règles fiscales de cette loi de finances, assurer le même revenu, mais avec moins de prélèvements. Optimisation fiscale là aussi !

Autre cas symptomatique : la suppression du taux majoré de la taxe sur les salaires appliquée aux salaires supérieurs à 150000 euros… Les banques et le secteur financier ne générant pas de TVA, celle-ci est remplacée par une taxe sur les salaires. Pour les salaires importants – au-delà de 150000 euros –, cette taxe est majorée. Ou plutôt l'était jusqu'au 1er janvier 2018. Si l'arrosage est abondant, nul doute que les gouttes mettront un certain temps à redescendre !

Début 2018, le journal *Le Monde*, peu suspect d'hostilité systématique au nouveau président, publiait un article intitulé : « En 2018, la politique de Macron avantagera d'abord les ultra-riches ». L'étude de l'OFCE sur laquelle s'appuie cet article décrit les choses par le menu : « Cette année, les 5 % de Français les plus modestes devraient ainsi voir leur niveau de vie reculer de 0,6 % en moyenne, soit soixante euros par ménage, tandis que les 5 % les plus aisés verront le leur augmenter de 1,6 % (1 730 euros par ménage). »

Une trentaine d'anciens députés socialistes, avec lesquels j'ai travaillé et dont certains se positionnaient parfois plus à gauche du PS que moi, ont rejoint LaREM. Ils ont voté en faveur de cette politique fiscale. Je n'aime pas alimenter les discours consistant à taper sur les élus. J'ai rencontré à tous les échelons des femmes et des hommes remarquables. Mais là, comment ne pas voir que leur démarche n'était motivée que par des soucis de carrière. Et s'ils estiment avoir été naïfs et trompés par un programme flou et alléchant, qu'ils le disent haut et fort et en tirent toutes les conséquences.

Ce sont ces silences aussi qui contribuent à dégoûter certains électeurs de voter ou les incitent à choisir les populistes et les extrêmes.

Voir cinq années de progrès dans l'équité fiscale rayées en seulement six mois est sans doute ce qui m'a le plus choqué depuis l'avènement de LaREM.

Un de mes amis, plus proche de la France insoumise que des réformistes sociaux libéraux, m'écrivait récemment dans un mail :

« Quand j'entends les ministres de Bercy, je regrette même… Michel Sapin… Jamais je n'aurais cru en arriver là ! »

Et pourtant.

Remerciements

Merci à Denis, Roman et Marc qui, par leurs conseils avisés, m'ont aidé dans ce récit où les ressemblances avec toute personne existante ou ayant existé ne sont pas du tout fortuites.

Mes remerciements encore à ma famille et à mes amis, pour avoir supporté mes excès d'humeur pendant mon travail.

Merci à mes professeurs qui m'ont transmis un peu de leur savoir et surtout leur envie.

Merci enfin à mon père, qui n'aura pas eu le temps de me voir entrer à l'Assemblée nationale, ainsi qu'à ma mère, qui aura manqué cette parution de quelques mois seulement.

Table

La photocomposition de cet ouvrage
a été réalisée par
GRAPHIC HAINAUT
30, rue Pierre Mathieu
59410 Anzin